Josef Kohler

Zivilprozessualische Rechtsaufgaben

Josef Kohler

Zivilprozessualische Rechtsaufgaben

ISBN/EAN: 9783744642804

Hergestellt in Europa, USA, Kanada, Australien, Japan

Cover: Foto ©Suzi / pixelio.de

Weitere Bücher finden Sie auf **www.hansebooks.com**

Civilprocessualische

Rechtsaufgaben

(mit Einschluß des Concursrechts)

von

Dr. J. Kohler,
Ord. Professor der Rechte an der Universität Berlin.

Zweite vermehrte Auflage.

Jena,
Verlag von Gustav Fischer.
1892.

Vorwort zur ersten Auflage.

Nachstehende Rechtsaufgaben sind aus vielseitigen und tiefgehenden processualischen Studien erwachsen und haben sich, soweit ich in meinem Civilproceßpracticum von ihnen Gebrauch gemacht habe, meiner Ueberzeugung nach, als sehr instructiv erwiesen. Ich übergebe sie der Oeffentlichkeit mit dem Wunsche, daß sie dazu dienen mögen, recht Viele zum strengwissenschaftlichen Studium des heutigen Civilprocesses anzuleiten, und sie von den Zufälligkeiten des Außenwerkes in die Tiefe der Principien zu führen. Auch für die wissenschaftliche Bearbeitung kann es kein mächtigeres Ferment geben, als die Stellung von Problemen, an welchen sich die Richtigkeit der wissenschaftlichen Vorstellungen zu erproben hat. Und sollte sich aus diesen Aufgaben erweisen, daß die deutsche Civilproceßordnung auf manchen Gebieten Ungleichheiten oder Lücken bietet und da keine Hülfe gewährt, wo die Proceßeinrichtung Hülfe gewähren sollte, so wäre ihnen auch dieses nicht gering anzuschlagen. Ich hoffe um so mehr auf die Brauchbarkeit dieser Fälle, als ich bei Construction derselben vielfach von den fruchtbringenden Erfahrungen meiner früheren praktischen Thätigkeit geleitet worden bin, und die dort gewonnenen Einblicke in den Zweck und in die Tragweite der processualischen Institute meinen Forschungen die reichste Förderung geboten haben.

Würzburg, December 1880.

J. Kohler.

Vorwort zur zweiten Auflage.

Die Zahl der Fälle ist von 53 auf 132 vermehrt. Wie die erste, so verfolgt auch die zweite Auflage den Zweck, die wissenschaftliche Erfassung des Civilprocesses und Concursrechts im akademischen Unterrichte zu unterstützen. Die Absicht war, wirkliche processualische und concursrechtliche Probleme zur Darlegung zu bringen, welche auf ein tieferes Eindringen in die Principien des Civilprocesses hinwirken. Der Studirende soll zur Ueberzeugung gelangen, daß der Proceß keine bloße Form, keine bloß äußerliche Verfahrensweise ist, sondern ein Rechtsverhältniß mit einer Fülle von Rechtsbeziehungen; es soll ihm zugleich zur Anschauung kommen, daß hier das eine Recht dem anderen dient, daß der Civilproceß eine Bethätigung des öffentlichen Rechtes ist, um das materielle Civilrecht zu verwirklichen.

Die Entwicklung des Processes soll ebenso ferne sein von unjuristischem Empirismus, als von jenem äußerlichen Formalismus, der unter der Schale den Inhalt, unter dem Mittel den Zweck zerfließen läßt.

Am Schlusse ist eine Verweisung auf verschiedene Arbeiten von mir, sowie ein alphabetisches Register der behandelten civilprocessualischen Materien beigefügt.

Berlin, Mai 1892.

J. Kohler.

I.

A klagt gegen B bei dem Amtsgerichte und erwirkt, bei dem Ausbleiben seines Gegners, ein Versäumungsurtheil; B erhebt sofort nach der Zustellung desselben den Einspruch. Am Tage der Einspruchsverhandlung steigt er aus Versehen in den falschen Bahnzug und verspätet sich, so daß er im Termine nicht erscheint und der Einspruch auf Antrag des A durch neues Versäumungsurtheil verworfen wird. Er fragt, wie ihm zu helfen sei? Wie, wenn er erschienen, aber in ein falsches Gerichtszimmer gewiesen oder unbemerkt geblieben wäre?

II.

A und B vereinigen sich auf das Amtsgericht x als erste und letzte Instanz unter Verzicht auf alle Rechtsmittel, Berufung, Einspruch, Wiederaufnahme des Verfahrens. Auf Klage des A bleibt B aus; er erhebt gegen das Säumnißurtheil den Einspruch, wobei er ausführt, daß ihn höhere Gewalt am Erscheinen gehindert habe.

III.

In dem Thatbestande des berufungsgerichtlichen Urtheils ist festgestellt, daß der klägerische Anwalt den Einwand der Zahlung zugegeben habe. Die Klage wird abgewiesen und in dem Entscheidungsgründen zur Motivirung lediglich auf dieses Zugeständniß Bezug genommen. Der klägerische Anwalt verlangt in gesetzlicher Form und Frist die Berichtigung des Thatbestandes, da er die Zahlung niemals zugegeben, sondern bestritten habe. Es wird im Berichtigungsverfahren ausgesprochen, daß die Darstellung des Thatbestandes unrichtig sei, indem der klägerische Vertreter in der That die Zahlung lediglich in Abrede gestellt habe, und die gegentheilige Angabe im Thatbestand auf einer unliebsamen Verwechslung beruhe. Der Kläger verlangt, daß das Gericht nunmehr, dieser Berichtigung entsprechend, auch das Urtheil selbst berichtige. Wie und in welcher Form hat das Gericht zu entscheiden? Welche Rechtsmittel sind gegen die Entscheidung gegeben?

IV.

Im Urtheil des Amtsgerichts A ist ausgesprochen worden, daß die Kosten nach Verhältniß des Gewinnens und Verlierens, „also zu $1/4$ und $3/4$ zu tragen seien". Dabei hat das Gericht (in der Kostenberechnung) einen wesentlichen Posten des Streites übersehen, da hiernach das Kostenverhältniß sich zu $1/8$ und $7/8$ stellt. Das Urtheil wird rechtskräftig. Gelegentlich der Dienstvisitation kommt die Incongruenz zu Tage. Der Amtsrichter ändert von sich aus das Urtheil dahin, daß die Kosten zu $1/8$ und $7/8$ aufzulegen seien und theilt dies den Parteien mit. Der Beklagte beschwert sich hiergegen. Im Beschwerdeverfahren macht der Gegner geltend, daß eine Beschwerde schon deßhalb ausgeschlossen sei, weil in Kostensachen nicht einmal eine Berufung stattfinde: hätte das Gericht sofort unrichtig (lediglich) bezüglich der Kosten entschieden, so hätte es dabei sein Bewenden behalten müssen; so daher auch, wenn späterhin ein Beschluß über die Kosten gefaßt worden sei, den der Gegner als unrichtig bezeichne.

V.

Die A, welche im Badeorte n im Hotel des B 6 Wochen in Pension war, und welcher im Hotel eine Kette abhanden gekommen ist, erhebt bei dem Landgerichte des Ortes eine Klage gegen ihren Hotelier auf Ersatz von 400 Mk., als dem Werthe der Kette. Der Anwalt des Hotelier B schützt die sachliche Unzuständigkeit des Landgerichtes vor, weil die Kette keine 400 Mk., sondern höchstens 40 Mk. werth gewesen sei, von unechtem Material und schlechter Machart, wofür er sich zum Beweis auf den Goldarbeiter D bezieht, welcher dieselbe kurze Zeit vorher reparirt habe. Der Anwalt der Klägerin widerspricht. Wie hat das Gericht zu entscheiden?

VI.

A klagt gegen den Pariser B, welcher sich in Baden-Baden aufhält, wegen einer Geschäftsschuld von 10,000 Mk. bei dem badischen Gerichte. B schützt die Incompetenz vor, da er in Paris seinen Wohnsitz habe und der bloße Aufenthalt in Baden-Baden die Competenz nicht begründe. A macht geltend, daß der § 24 CPO. Anwendung finde, da der Beklagte zur Zeit der Klagezustellung, wenn auch nur der Cur halber, in Baden-Baden gewohnt, Reisegepäck und Reisegeld, mindestens was er an seinem eigenen Leibe trug, bei sich gehabt habe; auch habe er eine Anweisung an einen dortigen Bankier gehabt — was der Beklagte nicht bestreitet.

VII.

A, welcher mit B verschiedene Wechselgeschäfte hat, schließt mit ihm einen Vertrag, wornach aus allen bisherigen Geschäften das Amtsgericht n allein zuständig sein solle. Ein Wechsel, auf welchem das Giro des B steht, bleibt unberichtigt und A klagt am Wohnorte des Acceptanten G gegen diesen Acceptanten und gegen alle Giranten, darunter auch den B. Kann B den Einwand der Unzuständigkeit erheben?

VIII.

A erwirkt auf Grund einer notariellen Urkunde, in welcher sich B zur Zahlung von 2000 M. verpflichtet und der sofortigen Zwangsvollstreckung unterworfen hat, die Vollstreckungsklausel und veranlaßt die Zwangsvollstreckung. B behauptet, daß er zur Zeit der Errichtung der Urkunde wegen Trunkenheit in unzurechnungsfähigem Zustande gewesen sei; es sei bereits gegen den Notar, welcher bei Aufnahme der Urkunde pflichtwidrig gehandelt habe, eine Disciplinaruntersuchung eingeleitet. Er fragt, in welcher Weise ihm zu helfen sei.

IX.

Der Großbierbrauer A erklärt sich bereit, dem Wirthschaftsbesitzer B im Laufe des Jahres nach Bedarf Bier bis zum Betrag von 50,000 M. zu liefern. Um ihn zu sichern, wird alsbald eine executorische Urkunde vor dem Notar aufgenommen, worin B erklärt, dem Großbierbrauer 50,000 M. sofort schuldig zu sein. A erwirkt, im Einverständniß mit B, vollstreckbare Ausfertigung, läßt bis zum Betrag von 50,000 M. pfänden, erklärt aber, mit der Pfändung einstweilen zufrieden zu sein. Das Ganze war zwischen beiden Theilen verabredet, damit A pfandmäßig gesichert sei. Nunmehr will ein anderer Gläubiger des B für den Betrag von 2000 Mk. vollstrecken lassen; er erfährt aber, daß bereits alles für A gepfändet ist, so daß, wenn es zur Versteigerung komme, nichts für ihn übrig bleibe. Er fragt, ob er nicht gegen die erste Pfändung aufkommen könne.

X.

B hat sich in einer vollstreckbaren Urkunde verpflichtet, dem A nach Ablauf eines Jahres 10,000 Mk. zu zahlen und diese Summe quartalsweise zu verzinsen; doch so, daß wenn ein Quartalzins nicht bezahlt ist, das Kapital sofort fällig werden solle. Als das erste Quartal nicht bezahlt wurde, ließ sich A eine vollstreckbare Ausfertigung des Urtheils geben, die ihm auch ohne Weiteres gewährt wurde. Auf Grund dieser weist er den Gerichtsvollzieher an, für die ganze Kapitalforderung zu pfänden. Der Beklagte widerspricht; er macht dabei geltend, daß er das Ansinnen des Klägers, nach seinem Belieben zu jeder Zeit das ganze Kapital verlangen zu dürfen, bei Errichtung der Urkunde zurückgewiesen habe und daß er den Quartalzins dem A übersendet, dieser ihn aber nicht in Empfang genommen habe. Quid juris?

XI.

A klagt gegen B auf 2000 Mk. bei dem Landgerichte zu x, weil der Ort x als Erfüllungsort vereinbart worden sei. B bleibt in der Verhandlung aus. A beantragt Versäumungsurtheil. Im Schooße des Gerichts erheben sich Zweifel über die Zuständigkeit. Das eine Mitglied ist der Ansicht, daß der Kläger vorher darzuthun habe, daß x als Erfüllungsort vereinbart worden sei. Ein anderes Mitglied verwirft dieses, weil das Gericht in Versäumungsfällen die Incompetenz überhaupt nicht zu berücksichtigen habe, und weil, wenn man dieses auch nicht annehmen wollte, doch die Thatsache, daß x als Erfüllungsort vereinbart worden sei, in Folge der contumacia als zugestanden zu betrachten wäre und daher keines Beweises mehr bedürfte. Das erste Mitglied hält das erste Argument für unrichtig und glaubt, daß das zweite auf einem Hysteron-Proteron beruhe, weil ja zuerst die Competenz des Gerichtes feststehen müsse, ~~bevor~~ irgend welche Contumacialfolge ausgesprochen werden könne. Wie hat das Gericht zu entscheiden?

XII.

A hat mit B einen Vertrag abgeschlossen, wornach die zwischen ihnen obschwebenden Erbschaftsdifferenzen bei dem Amtsgerichte x beglichen werden sollen. Später erhebt B gegen den Erbschaftsbesitzer C bei dem Landgerichte y die Erbschaftsklage und verlangt Herausgabe der Erbschaft. A tritt als Principalintervenient ein. B macht hiergegen den Einwand der Incompetenz geltend.

XIII.

Im Processe des A gegen B wird die Incompetenz des Gerichts als proceßhindernde Einrede geltend gemacht und durch Urtheil verworfen. Obgleich gegen dieses Urtheil die Berufung eingelegt wird, so beschließt das Erstgericht, den Proceß fortzusetzen und entscheidet durch Endurtheil in der Sache selbst, und zwar in contumaciam, da der Beklagte ausgeblieben ist. Ein Einspruch wird nicht erhoben. Nachträglich ergeht die Entscheidung des Berufungsgerichts, wodurch die angefochtene Competenzentscheidung abgeändert und die Competenz verneint wird. Wie ist die Sache zu behandeln? Macht es einen Unterschied, ob die Sachentscheidung des Erstgerichts contradictorisch oder in contumaciam war?

XIV.

A verklagt den B auf Entschädigung wegen Patentverletzung bei dem Gerichte x, weil hier die Schädigungsacte vollzogen worden seien. B macht die Incompetenz des Gerichts geltend: Schädigungsacte seien gar nicht vorgekommen, man habe in einem ganz verschiedenen Verfahren producirt; mithin sei kein Delict und darum auch kein forum delicti gegeben. Dazu komme, daß die ganze Production am Orte · x von seinem Associé geleitet werde, und er sich nie darum gekümmert habe; er selbst produzire am Orte y und pflege jeweils am Ende des Jahres mit seinem Associé Abrechnung: die Production am Orte x könne daher, wenn irgendwie, nur seinem Associé zur Last gelegt werden; sofern aber von ihm lediglich Bereicherung verlangt werde, sei das forum delicti nicht gegeben.

XV.

A hat mit B einen Gesellschaftsvertrag abgeschlossen; darin ist ausgesprochen, daß für alle Streitigkeiten aus dem Vertrag das Gericht x zuständig sein solle. Da B sich dem Vertrag nicht fügen will, so erhebt A gegen ihn bei dem Gerichte x Klage. B erklärt, der Vertrag sei nichtig, weil die Gesellschaft eine societas leonina sei und weil ihm im Vertrag unerfüllbare Bedingungen (wegen Nichtkonkurrenz u. s. w.) auferlegt wären; da der ganze Vertrag nichtig sei, so sei natürlich auch die Clausel bezüglich des Gerichtes x nichtig und das Gericht unzuständig.

XVI.

Die Engländer A und B in London wetten über die Breite des Rheines an der Aarmündung. Sie kommen überein, daß das der Mündung am nächsten gelegene Gericht entscheiden solle. A klagt in Folge dessen bei dem badischen Amtsgerichte Waldshut auf Zahlung der Wettsumme. Man fragt, ob ein inländisches Gericht auch derartige Prorogationen anzunehmen habe.

XVII.

A klagt bei dem Amtsgericht x gegen B eine Contractsforderung von 60 Mk. ein.. B. erwidert, er habe eine Gegenforderung von 6000 Mk., Schadenersatz aus widerrechtlicher That, welche Gegenforderung er in der Höhe von 60 Mk. mit der Klagforderung compensire. Das Amtsgericht erkennt, daß eine solche Entschädigungforderung nicht existire, und verurtheilt den B zur Zahlung der eingeklagten 60 Mk. Nachdem dieses Urtheil längst rechtskräftig ist, erhebt B seine Entschädigungsklage auf 6000 Mk. gegen den A bei dem Landgerichte y. A schützt den Einwand der res judicata vor, da ja in dem amtsgerichtlichen Urtheil über die ganze Compensationsforderung, als nicht vorhanden, entschieden worden sei. B widerspricht und will die res judicata höchstens für 60 Mk. gelten lassen. Wie ist der Fall zu behandeln?

XVIII.

A hat gegen B Klage erhoben; B macht geltend, es sei zwischen beiden Theilen ein Vergleich abgeschlossen worden, wornach A von dem Anspruch abzustehen habe, wogegen B auf andere Ansprüche verzichten solle. A erklärt, es sei allerdings ein Vergleich abgeschlossen worden, aber mit ganz anderem Inhalte; einstweilen, solange B über den Inhalt des Vergleiches nicht mit ihm übereinstimme, bleibe er bei der Klage stehen. B bittet um Abweisung der Klage, da ja der Kläger den Abschluß eines Vergleiches, welcher jedenfalls den eingeklagten Anspruch umgewandelt habe, zugebe.

XIX.

Der Maler B hat sich verpflichtet, die Frau des Klägers A um den Preis von 2000 Mk. zu porträtiren, verweigert aber die Ausführung und wird auf Klage des A von dem Landgerichte in contumaciam verurtheilt, den Vertrag zu erfüllen und das Gemälde herzustellen. Der Kläger läßt dem Maler das Urtheil zustellen, und fordert ihn während eines Vierteljahres vergeblich auf, dem Jubicate zu entsprechen. Auf Grund dessen beantragt der Kläger auf Anregung seiner Frau bei dem Processgerichte, daß der Maler durch Haftnahme zur Erfüllung seiner Verbindlichkeit anzuhalten sei. Der, kurzer Hand darüber vernommene, Maler erklärt den Beugungszwang bei künstlerischen Leistungen für unzulässig und meint, der Kläger könne nöthigenfalls seine Frau von einem andern Maler porträtiren lassen und ihm die Kosten berechnen; zudem sei er in Folge mehrfacher Mißerfolge fest entschlossen, das Porträtfach ganz aufzugeben, zu welchem er, wie er sich selbst gestehe, wenig Beruf habe: dies sei er seinem Namen und seiner künstlerischen Autorität schuldig; schließlich sei er so überarbeitet, daß er auf ärztlichen Rath schon seit Jahresfrist sich jeder Production enthalten müsse. Der Kläger, welchem diese Erklärung mitgetheilt wird, hält seinen Antrag in vollem Umfange aufrecht, und macht insbesondere geltend, daß, selbst wenn diese Umstände Berücksichtigung finden könnten, sie während des Processes hätten vorgebracht werden müssen, weil sie nach der eigenen Darstellung des Malers schon damals bestanden hätten. Wie ist der Fall zu behandeln?

XX.

A hat mit dem Wasserfilterhändler B einen Miethsvertrag abgeschlossen, wonach B dem A zu einem bestimmten Monatslohne Wasserfilter liefert, es aber zugleich übernimmt, diese Wasserfilter von Zeit zu Zeit zu reinigen und auszuwechseln. Ein Gläubiger hat auf die Miethsansprüche des B Beschlag gelegt und den Beschlagsbeschluß dem A zugestellt. A fragt, ob er nun auch die Filter nicht mehr dem B zurückgeben dürfe, und an wen er sich wenden müsse, um die Reinigung der Filter zu erzielen, bezw. den Vertrag zu kündigen.

XXI.

In der Ehescheidungssache zwischen A und B erfährt das Gericht, daß zwischen beiden Ehegatten nach dem heftigen Zerwürfniß, auf welches die Scheidungsklage gestützt ist, eine Versöhnung stattgefunden, und daß der, beiden Theilen befreundete, X der Versöhnungsfeier angewohnt habe. Das Gericht vernimmt die Parteien darüber; diese stellen aber jeden Versöhnungsact in Abrede, da jene angebliche Versöhnungsfeier vielmehr den Abschied für das Leben bedeutet habe. Das Gericht vermuthet, daß dieses Vorbringen ein collusives sei, und beschließt, da ein solcher Versöhnungsact den Anspruch auf Scheidung aufheben würde, trotz der Erklärung der Anwälte, welche

beiderseits auf jede weitere Beweisaufnahme verzichten, die
Ladung des X. — X erscheint, verweigert die Aussage und
bezahlt die vom Gerichte gegen ihn erkannte Geldstrafe. Auf
nochmalige Ladung wiederholt X. seine Weigerung. Das Gericht
fragt sich, ob es kein weiteres gesetzliches Mittel gebe, um gegen
den Willen der Parteien die Zeugenaussage zu erzwingen.

XXII.

Die Ehefrau des A. hat eine Correspondenz mit B geführt,
in welcher ihr Mann beschimpft und lächerlich gemacht wird.
Sie hat die von B empfangenen Briefe dem B zurückgegeben,
weil sie es für zu gefährlich hielt, sie bei sich aufzubewahren.
Der Ehemann hat die Ehescheidungsklage erhoben und verlangt
von B die Edition dieser gesammten Correspondenz, mindestens
die Edition der an seine Frau gerichteten und von ihr zurück-
gestellten Briefe, sowie die Herausgabe des Tagebuches seiner
Frau, welches dieselbe gleichfalls dem B übergeben hatte.

XXIII.

Das Entmündigungsverfahren war auf Antrag des Ehemannes
gegen seine Frau eingeleitet worden; die Entmündigung ist
ausgesprochen; die Frau erhebt die Anfechtungsklage gegen den
Staatsanwalt unter Ladung des Ehemannes. Der Ehemann
wird durch seinen Anwalt vertreten. Während des Verfahrens
stirbt der Ehemann.

XXIV.

A. legt gegen ein Urtheil des Oberlandesgerichts die Revision ein und verlangt die Aufhebung des ganzen Urtheils und

— 12 —

die Rückverweisung der Sache wegen wesentlicher processualischer Verstöße. Das Reichsgericht findet das processualische Verfahren in Ordnung, entdeckt aber zu gleicher Zeit, daß das Oberlandesgericht eine Bestimmung des Handelsgesetzbuchs falsch ausgelegt und in Folge dessen irrig geurtheilt habe. Hat das Reichsgericht dieses zu berücksichtigen? Kann es aus diesem Grunde das Urtheil aufheben und bezw. in der Sache selbst erkennen? Wie verhält es sich im umgekehrten Falle?

XXV.

Nachdem der Proceß in erster Instanz erledigt ist und beide Theile die Berufung eingelegt haben, kommen die Parteien, mit Rücksicht darauf, daß in der Verhandlung erster Instanz von beiden Anwälten wesentliche Punkte übersehen worden sind, mit einander überein, wie folgt:

1. Im Berufungsverfahren bleiben beide Theile aus.
2. Das Urtheil erster Instanz wird als nicht vorhanden angesehen und dem Kläger die Befugniß gegeben, noch einmal dieselbe Klage zu erheben, ohne daß sich eine der Parteien auf den früheren Proceß beziehen darf.
3. Die bisherigen Kosten trägt derjenige, welcher seiner Zeit in die Kosten des neuen Processes verurtheilt wird.
4. Wegen jeder Zuwiderhandlung gegen diesen Vertrag verfällt der schuldige Theil in eine Conventionalstrafe von 3000 Mk.

Der Kläger erhebt demgemäß die Klage zum zweiten Male bei demselben Gerichte erster Instanz. Das Gericht ist in derselben Besetzung wie das erste Mal; der Vorsitzende fragt, ob dies nicht dieselbe Sache sei, wie früher, was beide Anwälte unter Vorlegung des obgenannten Vertrags bestätigen. Auf die weitere

Frage, wie es mit dem Berufungsverfahren stehe, erklären die Anwälte, daß beide Theile im Termine vor dem Berufungsgerichte ausgeblieben seien. Die Anwälte bitten um ungehemmten Fortgang des Verfahrens erster Instanz. Wie ist der Fall zu behandeln?

XXVI.

A erhebt Klage im Urkundenproceß, auf Grund einer Urkunde, in welcher sich B verpflichtet, 6 Wochen nach Kündigung 1500 Mk. an den A zu bezahlen. B bittet um Abweisung der Klage; er gibt im Termin zu, daß ihm gekündigt worden sei, aber nur 4 Wochen vor der Klagerhebung, behauptet aber, daß die ganze Schuld bereits vor einem Jahre verrechnet worden sei, wofür er sich auf die Zeugen X und Y beruft. A bittet, diesen Einwand ad separatum zu verweisen und macht geltend, daß zwar die Klage schon 4 Wochen nach der Kündigung erhoben, daß aber von der Klagerhebung bis zum Termin weitere 6 Wochen verstrichen seien; er beantragt daher, ein vorläufig vollstreckbares Urtheil im Urkundenprocesse zu erlassen. Wie ist der Fall zu behandeln? A fragt noch, welches Mittel ihm zustehen würde, wenn das Gericht wider Erwarten seinem Antrage nicht entspräche?

XXVII.

A hat im Urkundenproceß Klage erhoben. Der Beklagte macht einen doppelten Einwand geltend: die Klagforderung sei durch Erlaß erledigt worden, ebenfalls aber habe er eine Gegenforderung in gleichem Betrage. Die Gegenforderung kann er urkundlich darthun, bezüglich des Erlasses erklärt er, sich auf Zeugen berufen zu wollen.

— 14 —

XXVIII.

A hat im Urkundenproceß geklagt und ist in erster Instanz mit dem Urkundenproceß zurückgewiesen worden. Auf Berufung erklärt die zweite Instanz den Urkundenproceß für zulässig und entscheidet zugleich in der Sache selbst durch Vorbehaltsurtheil. Der Beklagte will das Nachverfahren einleiten und fragt, ob in erster oder zweiter Instanz? welche Frage für ihn noch besonders deßhalb wichtig sei, weil er im Nachverfahren eine Widerklage erheben wolle.

XXIX.

B ist rechtskräftig verurtheilt, dem A, gegen Uebergabe eines bestimmten Quantums Affenthaler Rothweins, 800 Mk. zu bezahlen. A stellt den Wein parat, B verweigert die Annahme, weil der Wein nicht reiner Affenthaler sei. Welche Schritte hat A zu thun, um zum Urtheilsvollzuge zu gelangen?

XXX.

A hat beim Amtsgericht gegen B auf Räumung der Wohnung geklagt und ein obsiegliches, auf seinen Antrag für vorläufig vollstreckbar erklärtes, Urtheil erlangt. B zieht auch aus, hinterläßt aber einen Aftermiether, der den 3. Theil der Wohnung einnimmt und mit welchem er kurz vor dem Auszug den Aftermiethvertrag auf 2 Monate erneuert hat. A fragt, wie er den Aftermiether schleunigst herausbringe.

XXXI.

Die A klagt gegen den B wegen eines in der Pfalz gepflogenen geschlechtsvertraulichen Verhältnisses, welches Folgen gehabt hat, auf Deflorationsgeld. B bleibt aus. Die A beantragt Versäumungsurtheil, wird aber vom Amtsgericht mit ihrer Klage abgewiesen, weil das französische Recht maßgebend sei. Hiergegen legt die A, gleichzeitig mit der Zustellung des Urtheils, die Berufung ein und verlangt Abänderung der erstinstanzlichen Entscheidung gemäß ihrem Klagantrag. In dem Berufungsverfahren läßt sich auch B vertreten; er bestreitet jede Geschlechtsvertraulichkeit und behauptet, daß die Klägerin in der entsprechenden Zeit mit anderen Mannspersonen Umgang gehabt, ja auch bereits von einigen derselben Deflorationsgelder erhalten habe; deßhalb, in erster Reihe aber aus dem vom Amtsgerichte allegirten Grunde, beantrage er die Bestätigung des amtsgerichtlichen Urtheils. Wie ist der Fall processualisch zu behandeln? Ist die Sache etwa in die erste Instanz zurück zu verweisen? Wie, wenn B, während die A appellirt, den Einspruch einlegt?

XXXII.

Bezüglich der Grundstücke x und y herrschen schon einige Zeit Differenzen wegen eines dem Grundstücke x angeblich zustehenden Lichtrechts. Nach dem Tode des bisherigen Eigenthümers von x, welcher jeden Proceß vermeiden wollte, erhebt A als Erbe und Eigenthümer die Confessorienklage. Während der Proceß im Gange ist, tritt C als angeblicher Rechtsnachfolger in den Proceß ein, weil ihm das Grundstück x unter einer Bedingung legirt und diese Bedingung jetzt erfüllt sei; weßhalb er von nun an den Proceß als Kläger übernehme. Der Beklagte ist damit einverstanden, während A sowohl das Legat bestreitet, als auch den Eintritt der behaupteten Bedingungsthatsache leugnet und sich der Aufnahme des Rechtsstreites durch einen Andern widersetzt, da er und nur er der legitime

Vertreter des Grundstücks sei. Wie ist die Sache zu behandeln? Wie, wenn auch der Beklagte widerspricht?

XXXIII.

Während des Processes hat der Kläger A die streitige Forderung an C veräußert. Der Beklagte wird verurtheilt und das Urtheil auf Antrag gegen Caution für vorläufig vollstreckbar erklärt; hierbei wird das Urtheil auf den Namen des Cedenten gestellt, obgleich derselbe beantragt hatte, es bereits auf den Namen des Cessionars zu setzen. Der Cessionar aber erwirkt, unter urkundlichem Nachweis der Cession, eine vollstreckbare Ausfertigung auf seinen Namen, stellt die Caution und läßt das Urtheil für sich vollstrecken. — In zweiter Instanz wird das Urtheil aufgehoben und die Klage abgewiesen. Auf Antrag des Beklagten wird zugleich der Kläger (Cedent) verurtheilt, dem Beklagten die Vollstreckungssumme zu ersetzen. Quid juris?

XXXIV.

A hat seiner Zeit dem X ein zu 4% verzinsliches Darlehen von 4000 Mk. gegen hypothekarische Sicherheit gegeben; die Zinsen sollen in zwei halbjährigen Raten zu je 80 Mk. entrichtet werden. B wird Eigenthümer der Pfandliegenschaft und verpflichtet sich dem A persönlich, die Zinsen so lange zu entrichten, als das Pfandrecht bestehe. Zwei Jahre darauf verklagt A den B bei dem Amtsgerichte seines Wohnsitzes auf den fälligen halbjährigen Zins von 80 Mk. — B wendet ein, daß das Pfandrecht erloschen sei, und damit auch seine Zinszahlungspflicht; er verlangt widerklagend, daß das Erlöschensein des Pfandrechts urtheilsmäßig festgestellt werde. A erklärt das

Proceßgericht für unzuständig hierzu, sowohl wegen der Summe, als auch beßhalb, weil, was nicht bestritten ist, die Liegenschaft in einem anderen Amts-, ja in einem anderen Landgerichts-bezirke liege. Darauf verlangt B, daß Vor- und Widerklage an das Landgericht der gelegenen Sache verwiesen werden möge. Wie ist der Fall zu behandeln? Wie, wenn ein Unzu-ständigkeitsantrag nicht gestellt worden wäre?

XXXV.

Der Beklagte, Appellant, hat in der Berufungsinstanz die neue Thatsache vorgebracht, daß zwischen ihm und dem Kläger Appellaten ein Erlaßvertrag abgeschlossen worden sei. Der Appellat ist ausgeblieben und der Appellant erwirkt ein Ver-säumungsurtheil, worin der Erlaßvertrag für zugestanden er-klärt und demgemäß die Klage abgewiesen wird. Der Kläger Appellat legt den Einspruch ein, bleibt aber in der Einspruchs-tagfahrt unvertreten, weil er und sein Gegner seinem Anwalte geschrieben haben, daß, da Vergleichsverhandlungen zwischen den Parteien selbst schweben, die Tagfahrt umgangen werden solle und beßhalb der appellantische Anwalt ebenfalls in der Tag-fahrt nicht erscheinen und nicht gegen ihn anrufen werde. Da aber der Appellant es vergessen hat, seinem Anwalte in dieser Beziehung Instruction zu geben, so erscheint dieser und er-wirkt in der Tagfahrt Versäumungsurtheil, durch welches der Einspruch verworfen wird. Der Appellat fragt, was hierwegen zu machen sei.

XXXVI.

A ist verletzt worden. Er behauptet, daß B der schuldige Theil sei und erhebt gegen ihn eine Klage, gerichtet auf Ent-

— 18 —

schädigung vorbehaltlich der Liquidation. B erklärt, daß, ganz abgesehen von allem Andern, die Klage schon deßhalb unzulässig sei, weil es ihr an einem bestimmten Petitum gebreche: so, wie sie erhoben sei, könne sie höchstens als Feststellungsklage gelten; dafür würde es aber an dem entsprechenden Interesse fehlen — warum erhebe Kläger nicht sofort eine Leistungsklage mit bestimmtem Begehren? Dies sei ein Mangel in den Proceßvoraussetzungen, daher müsse eine absolutio ab instantia erfolgen. Zugleich erhebt der Beklagte in der Hauptverhandlung eine Widerklage. Quid juris?

XXXVII.

Es ist im Urtheil ausgesprochen worden: Der Beklagte B habe die Verbindlichkeit anzuerkennen, an die Klägerin A, so lange ihr Sohn lebt, zuerst am 1. August 1890, und von da an jährlich, die Summe von 600 Mk. zu bezahlen. Die A verlangt am 5. August 1890 bezüglich der ersten Rate die Vollstreckungsclausel, indem sie einen notariellen Lebensschein für ihren Sohn vorlegt. Der darüber kurzer Hand vernommene B erklärt die Vollstreckung für unzulässig, weil das Urtheil nur eine Feststellung, keine Verurtheilung enthalte; würde man darin eine Verurtheilung erblicken, so sei es höchstens eine Verurtheilung zur Anerkennung, welche nach § 779 CPO. mit der Rechtskraft des Urtheils als erfolgt zu betrachten sei; wenn nöthig, erkenne er die Verbindlichkeit ausdrücklich an, wodurch diesem Urtheile in jeder Weise Genüge gethan sei. Wie ist der Fall zu behandeln?

XXXVIII.

Die deutsche Regierung hat einen Spion verhaften lassen. Dabei ist ein Gerichtsbeamter B thätig gewesen, welcher im

— 19 —

Lande des Spions Vermögen besitzt. Die Familie des Verhafteten erhebt am Orte, wo dieses Vermögen liegt, Entschädigungsklage, läßt dieselbe dem B durch Vermittlung des deutschen Gerichtes zustellen. B wird in contumaciam verurtheilt und das Urtheil auf das ausländische Vermögen zur Vollstreckung gebracht. Da aber dieses nicht ausreicht, so beantragen die Kläger in Deutschland ein Vollstreckungsurtheil, mit Bezug darauf, daß zwischen beiden Staaten Reciprocität bestehe.

XXXIX.

A klagt gegen B auf Entschädigung wegen Patentbruchs und verlangt einen richterlichen Augenschein zur Constatirung dessen, daß die Fabrikationsmethode des B im Wesentlichen dieselbe sei, wie die seinige. Die Fabrikation des B findet in dem gedeckten Hof und in der Remise des Fabrikanten C statt, welcher ihm diese Locale in widerruflicher Weise zur Mitbenutzung eingeräumt hat. C erklärt, daß ohne seine Genehmigung ein Augenschein in den ihm gehörigen Localitäten nicht aufgenommen werden dürfe; um so weniger, als er in denselben Localitäten für sich arbeiten lasse und als durch die Aufnahme des Augenscheines sein Gewerbegeheimniß preisgegeben würde; wobei er sich auf die Analogie des § 3. CPO. bezieht. Auch B verwahrt sich gegen den Augenschein, weil dieser zur Veröffentlichung eines ihm zustehenden Gewerbegeheimnisses führen würde; ja, er behauptet, daß A mit seinem Processe nur bezwecke, dieses Geheimniß zu ergründen. Wie ist der Fall zu behandeln?

XL.

A hat gegen B aus einem Darlehen von 1000 M. geklagt, welches er dessen Erblasser F gegeben habe. B hat das

Darlehen bestritten, eventuell geltend gemacht, daß sein Erblasser
dem A verschiedene Zahlungen geleistet habe, welche auch diese
Schuld, wenn sie je bestanden, getilgt hätten. A beruft sich
zum Beweise des Darlehens auf Wirth X, B schiebt zum Beweise der Rückzahlung dem A lediglich den Eid zu. Der Wirth
X, über die Darlehenshingabe befragt, deponirt wie folgt:

„Im October 1885 kamen A und F in meine Wirthschaft.
Ich saß dabei, wie A dem F die Summe von 1000 Mk. aus-
zahlte, und holte Tinte und Papier, damit F den Schuldschein
schreiben konnte. Der Schuldschein, welcher enthielt, daß F
von A ein unverzinsliches Darlehen von 1000 Mk. bekommen
habe, wurde mir in Verwahrung gegeben, da A sofort über
Land mußte."

Auf Befragen, ob der Schein noch existire, fährt der Zeuge
fort:

„Einige Zeit nach jenem Vorfalle, es wird Mitte December
gewesen sein, kamen beide Theile wieder in meine Wirthschaft.
A verlangte den Schein zurück, weil das Darlehen bezahlt sei,
und zerriß denselben in Gegenwart des F."

Im Schoße des Gerichts erheben sich Differenzen. Das
eine Collegialmitglied ist der Ansicht, daß die Klage sofort ab-
zuweisen sei, weil aus der Aussage des Zeugen zwar die Darlehenshingabe, aber auch die Rückzahlung erhelle. Ein anderes
Mitglied dagegen nimmt an, daß der Zeuge, welcher nur für
die Hingabe des Darlehens vorgeschlagen worden sei, auch nur
in dieser Hinsicht benutzt werden dürfe. Was der Zeuge weiter
ausgesagt habe, sei ganz unerheblich, da der beklagte Theil sich
nicht einmal nachträglich auf den Zeugen berufen, sondern in
der Schlußverhandlung die Beweiserhebung lediglich der ge-
richtlichen Würdigung unterstellt habe. Es bedürfe daher noch

der Auferlegung des zugeschobenen Eides. Wie ist der Fall
zu behandeln?

XLI.

A leiht Nähmaschinen aus mit folgendem Gebing:
1. Wird die Maschine in verdorbenem Zustande zurückgegeben, so hat der Leiher zu haften, sofern er nicht den Werk-führer des A von seiner Schuldlosigkeit überzeugt und dieser ihn für schuldlos erklärt.
2. Die Rückgabe der Maschine kann nur durch eine von A oder seinem Procuristen ausgestellte Quittung erwiesen werden.

Wie, wenn ein solcher Fall zum Processe kommt?

XLII.

Der Jagdliebhaber F wird zum Sachverständigen ernannt, um über eine technische Waidmannsfrage Auskunft zu geben. Derselbe erscheint und gibt sein Gutachten ab, wobei er indeß bemerkt, daß er an sich nicht verpflichtet sei, der Ernennung Folge zu leisten, aber, weil er gerade freie Zeit habe und weitere Umstände vermeiden wolle, die begehrte Auskunft ertheile. In der zweiten Instanz wird F von Neuem vorgeladen, um sein Gutachten zu erläutern und zu vervollständigen, und sodann über weitere technische Waidmannsfragen, welche der Gerichts-hof für erheblich erachtet, Auskunft zu geben. F weigert sich, in zweiter Instanz als Sachverständiger zu fungiren, unter Bezug auf seine Erklärung in erster Instanz und unter Hinweis darauf, daß er die Jagd nicht zum Erwerb, sondern nur zum Vergnügen ausübe, welches die Kosten nicht decke. Wie ist der Fall zu behandeln?

XLIII.

Der Gläubiger A behauptet, daß sein Schuldner B sein Haus an den C bloß simulationsweise und in der Absicht verkauft habe, es dadurch vor dem Angriffe der Gläubiger sicher zu stellen. Er erhebt gegen C die Pauliana und begehrt die Edition der Verkaufsurkunde, sowie der im Besitz des C vorhandenen, den Verkauf betreffenden, Correspondenz, aus welcher sich der Charakter des Geschäfts klar ergebe; auch des Vertragsentwurfs, welcher dem Vertragsschlusse vorhergegangen sei. Diese Urkunden seien, weil ein Geschäft betreffend, aus welchem er seinen Paulianischen Anspruch ableite, für ihn gemeinschaftlich.

XLIV.

A ist durch die Lieferungssäumniß des B in große Verlegenheit gekommen und mußte durch unvortheilhafte Verträge mit X seinen nöthigsten Bedarf decken. Bei der Entschädigungsklage gegen B beantragt er von X die Edition der diese Verträge betreffenden Correspondenz, da aus ihr der Beweis seiner schlimmen Situation und seiner Schädigung hervorgehe. B behauptet, A hätte nicht nur mit X, sondern auch mit Y Geschäfte abgeschlossen, durch die er sich gedeckt habe; die Geschäfte mit Y seien vortheilhaft gewesen, wodurch sich der Schaden wesentlich verringere. Er verlangt daher zunächst von A, sodann aber auch, da A die Correspondenzen nur unvollständig zu haben scheine, von Y die Edition der betreffenden Briefe.

XLV.

Vor einer Zeugeneinvernahme erhebt sich die Partei zur Verlesung eines Briefes, welchen der Zeuge an einen F geschrieben habe, woraus sich die ganze Charakteristik des Zeugen und vor Allem auch seine frivole Stellung zu der obschwebenden Proceßfrage ergebe. Der Zeuge protestirt gegen die Verlesung, da die Partei den Brief dem F heimlich entwendet habe; was die Partei leugnet, aber auch als unerheblich erklärt.

XLVI.

A erhebt unterm 1. August 1890 gegen B eine Entschädigungsklage auf 2000 Mk., weil derselbe die Aufrichtung, Zusammenfügung und Reparatur einer Maschine in seinem ausländischen Filialetablissement zu x übernommen habe, aber seinen Verbindlichkeiten nicht nachgekommen sei. B erklärt, daß er bereits am (ausländischen) Erfüllungsorte x eine Klage auf Aufhebung dieses Vertrages wegen Irrthums und Betrugs erhoben habe, welche Klage dem A, wie nicht bestritten wird, am 15. Juli 1890 durch Vermittlung des Amtsgerichts seines Wohnortes zugestellt worden ist. Auf Grund dessen macht B den Einwand der Rechtshängigkeit, mit dem Bemerken, daß der Staat, in welchem die Rescissionklage erhoben sei, kraft seiner Procetzgesetzgebung die Urtheile des Inlandes vollziehe, weßhalb auch umgekehrt seine Urtheile im Inlande anerkannt werden müßten und folgeweise seine Processe Litispendenz bewirkten. Wie ist der Fall zu behandeln?

XLVII.

A hat in England gegen B aus Börsengeschäften geklagt und ist abgewiesen worden. Nachdem B sich in Deutschland ansässig gemacht hat, verklagt er ihn in Deutschland. Auf den Einwand der res judicata erklärt er, daß diese nicht zutreffe, da zwischen deutschen und englischen Gerichten keine Gegenseitigkeit bestehe.

XLVIII.

A klagt bei dem Landgerichte gegen B auf Herausgabe von Werkzeug und Geräth im Werthe von 1000 Mk. B bleibt im Termine aus. A beantragt Versäumungsurtheil und bittet zugleich, das Urtheil für vorläufig vollstredbar zu erklären, weil ihm durch die weitere Vorenthaltung der beanspruchten Gegenstände ein schwer zu ersetzender Nachtheil bereitet würde. Das Landgericht erkennt in der Hauptsache nach Klagbegehren, weist aber den Antrag auf vorläufige Vollstredbarkeitserklärung zurück, weil dieser Antrag dem Gegner nicht vor der Tagfahrt schriftlich mitgetheilt worden sei; auch sei der schwer zu ersetzende Nachtheil nicht glaubhaft gemacht. A erhebt hiergegen die sofortige Beschwerde, worauf das Oberlandesgericht ohne mündliche Verhandlung die vorläufige Vollstredbarkeit verfügt, weil der § 300 Z. 3 CPO. sich nur auf materielle Anträge beziehe und weil beim Ausbleiben des Beklagten der schwer ersetzliche Nachtheil als zugestanden zu betrachten sei. B, dem diese Entscheidung des Oberlandesgerichts zugestellt wird, beschwert sich hiergegen an das Reichsgericht, wobei er besonders hervorhebt, daß das Oberlandesgericht, auch wenn es die abweisende Entscheidung des Landgerichts mißbillige, doch nur diese Entscheidung aufheben, nicht eine neue an ihre Stelle setzen könne; wogegen sich der Kläger auf den § 538 CPO. beruft. Wie ist der Fall zu behandeln?

XLIX.

A gibt am 1. October 1890 dem B zur Einrichtung eines Hotels ein zu 5% verzinsliches Darlehen von 10,000 Mk.

Zugleich überläßt er ihm ein zu 10,000 Mt. geschätztes Mobiliar, wofür ein jährlicher Miethzins von 5 % des Schätzungswerthes zu entrichten ist. Da nun aber die Zinsen nicht pünktlich bezahlt werden, so kommen beide Theile am 10. Oktober 1891 dahin überein, daß A, um einen sofort vollstreckbaren Titel zu haben, einen Vollstreckungsbefehl auf den Betrag von 20,000 Mt. nebst 5 % Zinsen erwirke. In Folge dessen läßt sich A gegen den B einen Zahlungsbefehl auf 20,000 Mt. nebst 5 % Zinsen, aus Darlehen vom 1. Oktober 1890, ausstellen, und erlangt darauf hin nach Ablauf der entsprechenden Frist, da B nicht widerspricht, den Vollstreckungsbefehl. Einige Monate darauf fällt B in Gant. A liquidirt in der Gant 10,000 Mt. nebst rückständigen Zinsen und rückständigem Miethzins, und vindicirt die geliehenen Mobiliarstücke aus der Gantmasse. Der Konkursverwalter erkennt den ersten Anspruch an, bestreitet aber die Vindication, da durch den Vollstreckungsbefehl, welcher die Kraft des Urtheils habe, der Anspruch auf das Mobiliar in einen Anspruch auf 10,000 Mt. Geld umgewandelt worden sei; dadurch sei, ähnlich wie bei der römischen litis aestimatio (fr. 46. 47 de rei vind.), das Eigenthum der Mobiliarstücke auf den Gantmann übergegangen und dieselben folgeweise Theil der Gantmasse. Wie ist der Fall zu behandeln?

L.

B will einen Zahlungsbefehl gegen F, G und H als Streitgenossen, von welchen F in Berlin, G in München und H in Paris wohnt: die Forderungen gehen auf 1000, 2000, 3000 Mt. Geld und stammen sämmtliche aus Börsenkäufen. Er beantragt darum bei dem Reichsgericht, ihm gemäß § 36 Z. 3 CPO. einen gemeinsamen Gerichtsstand zu schaffen.

LI.

A klagt gegen den B auf 2000 Mk. aus Darlehen, welches er dem F, dem Erblasser des B, gegeben habe. B, welcher weiß, daß sein Erblasser mit A in Geldgeschäften gestanden hat und in die Angaben des Klägers Vertrauen setzt, erkennt das Darlehen pure an, macht aber verschiedene Gegenforderungen geltend, welche von A bestritten werden. Während der Proceß in zweiter Instanz schwebt, wird B mit einem Freunde seines Erblassers bekannt, der ihm mehrere Papiere aushändigt, aus denen hervorzugehen scheint, daß jenes Darlehen nicht zu Stande gekommen sei, sondern sich die Verhandlungen über dasselbe zerschlagen haben. B trägt dem Berufungsgerichte den ganzen Sachverhalt vor und widerruft das abgelegte Geständniß. A erklärt den Widerruf für unzulässig. Wie ist der Fall zu behandeln?

LII.

A klagt gegen B auf 10,000 Mk. und obsiegt. B legt die Berufung ein und beantragt die Abänderung des Urtheils bezüglich von 7000 Mk., da eine Gegenforderung in diesem Betrag nicht gehörig berücksichtigt worden sei. Dabei behält er sich weitere Anträge vor. A verlangt, daß das Urtheil bezüglich von 3000 Mk. sofort für vorläufig vollstreckbar erklärt werde. B beantragt, daß es ihm gestattet werde, durch Cautionsleistung die Vollstreckung abzuwehren. Wie ist zu entscheiden? Hat A, wenn dem Antrag des B stattgegeben wird, hiergegen ein Rechtsmittel?

LIII.

B ist durch Urtheil verpflichtet worden, sich jeden Eingriffs in das Patentrecht des A zu enthalten und die Kosten des

Processes zu tragen. Das Urtheil ist gegen eine vom Kläger zu erlegende Sicherheit von 50,000 Mk. für vorläufig vollstreckbar erklärt worden. A liquidirt seine Kosten im Betrag von 350 Mk., hinterlegt die Summe von 350 Mk. und verlangt die Zwangsvollstreckung für diese Kosten. Quid juris?

LIV.

B ist verurtheilt, das ausschließliche Erfinderrecht des A anzuerkennen und sich, bei Vermeidung von 50 Mk. für jeden Fall, der ferneren Zuwiderhandlung zu enthalten. Das Urtheil wird für vorläufig vollstreckbar erklärt. Das Berufungsgericht verordnet auf Antrag des B durch Beschluß, daß gegen Sicherheitsleistung von 20,000 Mk. die Zwangsvollstreckung sistirt und die Vollstreckungsmaßregeln aufgehoben werden. Nach 2 Jahren wird das Urtheil in letzter Instanz bestätigt. Welche Rechtsverhältnisse entwickeln sich daraus? A hat mehrfach den Versuch gemacht, bei dem Berufungsgericht eine Rücknahme des Beschlusses zu erzielen.

LV.

Das Berufungsgericht hat unterm 1. August nach verhandelter Sache ausgesprochen, daß die Verkündung des Urtheils am 4. August geschehen solle. Am 4. August wird das Urtheil dahin eröffnet, daß in Abänderung des erstinstanzlichen Urtheils dem Klaganspruch in der vollen Höhe von 1400 Mk. stattgegeben werde. In der Nacht vom 2. auf 3. August wurden im Garten des Beklagten die schönsten Bäume abgehauen und andere Verwüstungen angerichtet. Hinterher erfährt der Beklagte, daß die Beschädigungen vom Kläger aus Feindschaft veranlaßt worden sind. Er taxirt seinen Schaden auf

1200 Mk. Der Kläger erwirkt für sein Urtheil die Vollstreckungsclausel und läßt die Vollstreckung beginnen. Der Beklagte fragt, ob er nicht auf Grund seiner Entschädigungsforderung die Aufhebung des Urtheils und der Vollstreckung bezüglich des Betrags von 1200 Mk. begehren könne. Wie, wenn das Urtheil ein solches der ersten Instanz wäre?

LVI.

In der Erbschaft des Z findet sich auch das Landgut y, welches der Erbe B auf 15 Jahre an den Privatier C verpachtet. Ein Jahr darauf tritt A mit der Behauptung auf, daß nach einem vor Kurzem aufgefundenen Testamente des Z das Landgut ihm als natürlichem Sohne des Z vermacht worden sei; er belangt auf Grund dessen den C auf Herausgabe. C verkündet dem B als dem Possessor den Streit, und B tritt in den Proceß ein, in welchem sich nunmehr B und C als Beklagte geriren. B erkennt das Testament an, bekämpft aber das Legat wegen Verletzung notherbrechtlicher Vorschriften; C dagegen behauptet die Nichtigkeit des Testaments wegen mangelnder Form und wegen Suggestion. Wie ist der Fall processualisch zu behandeln?

LVII.

A erwirkt einen Zahlungsbefehl auf 20,000 Mk. gegen die Actiengesellschaft X. Der Zahlungsbefehl wird dem Kaufmanne B als Vorstand der Actiengesellschaft zugestellt. Da kein Widerspruch erhoben wird, so erlangt A einen Vollstreckungsbefehl, welcher in gleicher Weise zugestellt wird. 13 Tage nach der Zustellung des Vollstreckungsbefehls stirbt der Kaufmann B. Unterdessen hat A seinen Vollstreckungsbefehl in öffentlicher Urkunde an den Z cedirt und sich in das Ausland begeben. Z erwirkt sich nunmehr die Vollstreckungsclausel und läßt, unter gleichzeitiger Zustellung der Clausel und einer Abschrift des Cessionsactes, die Actiengesellschaft pfänden. Der neue Vorstand F, welcher 4 Wochen nach dem Tode des B ernannt worden ist, macht die Entdeckung, daß das ganze Verfahren auf einer schwindelhaften Collusion zwischen dem A und dem ehemaligen Vorstande B beruhe, wobei diese beiden sich verständigt hätten, den hieraus sich ergebenden Gewinn zu theilen, A aber, die Gelegenheit benutzend, sich mit dem ganzen Cessionspreis entfernt habe. Er fragt, was zu thun sei, um die Actiengesellschaft aus dieser Zwangslage zu befreien; ob nicht eine sofortige Sistirung der Zwangsvollstreckung zu erlangen sei, welche eine Lebensfrage für die Actiengesellschaft bilde.

LVIII.

In einem Erbschaftsproceß wird die Miterbberechtigung des A bestritten, weil die Ehe seiner Eltern X und Y wegen Bigamie nichtig sei, da zur Zeit der Eheschließung die erste Frau des X noch gelebt, und eine Ehescheidung niemals stattgefunden habe. Auch hätten sich, wie nicht bestritten wird, X und Y bereits vor Jahren heimlich nach unbekannten Orten, wahrscheinlich nach Australien, entfernt und seither keine Nachricht von sich gegeben. A erklärt daß die Frage der Nichtigkeit der Ehe seiner Eltern nur im Ehenichtigkeitsproceß erörtert und verbeschieden werden könne; weßhalb entweder der Erbschaftsproceß bis dahin sistirt oder derselbe einstweilen unter Annahme der ehelichen Kindschaft erledigt werden müsse, vorbehaltlich des späteren Nichtigkeitsprocesses. Die Gegner bestreiten dieses sowohl im Allgemeinen als auch nach den Umständen des Falles.

Uebrigens behauptet A. eventuell, daß mindestens eine putative Ehe vorliege; die Gegner erklären, daß, von allem anderen abgesehen, jedenfalls diese Frage im vorliegenden Processe ohne Hinderniß erörtert werden könne.

LIX.

Der Engländer A in London hat in Preußen eine Spinnerei und Weberei, deren Geschäfte von einem besonderen Factor selbständig geleitet werden. Der nämliche besitzt in Baiern ein Landgut, welches er früher durch einen Verwalter bewirthschaften ließ, aber per 1. October an einen baierischen Oekonomen verpachtet hat. Bereits am 28. September ist gegen ihn in London der Concurs eröffnet worden. Trotzdem wird das Fabrikgeschäft wie bisher fortgesetzt. Da aber die Concurseröffnung in Deutschland ruchbar wird, so beantragen die Oeconomiegläubiger am 20. October, die Fabrikgläubiger am 22. October, die ersteren in Baiern, die letzteren in Preußen die Concurseröffnung. Der Factor der Fabrik, darüber vernommen, widerspricht dem Antrag, da die Fabrik niemals die Zahlungen eingestellt habe und auch sofort alle Fabrikgläubiger befriedigen könne, wofür er nur noch telegraphische Ordre aus London erwarte. Unterdessen treten bei dem Gerichte des Fabrikortes auch Londoner Gläubiger, denen A aus überseeischem Handel bedeutende Summen schuldet, mit Concursantrag auf und verlangen volle Berücksichtigung. Die Fabrikgläubiger protestiren gegen das letztere, weil das Fabrikvermögen mindestens in erster Reihe für die Fabrikschulden hafte. Das Gleiche behaupten die Oekonomiegläubiger bezüglich des Oekonomiegutes, wofür sie sich auf § 22 CPO. beziehen. Jedenfalls könnten die Londoner Gläubiger ihre Forderung nicht mehrmals, in England und in

Deutschland, zum vollen Betrag liquidiren. Wie ist der Fall zu behandeln?

LX.

Eine Actiengesellschaft hat die Canalisirung einer Stadt übernommen, fällt aber, da es ihr an ausreichenden Mitteln fehlt, in Concurs. Die Stadt als Hauptgläubigerin fragt, ob nicht ein Zwangsvergleich in der Art abgeschlossen werden könne, daß die Gläubiger alle Activen übernähmen, wobei jeder Gläubiger die Wahl haben solle, seinen Theil der Stadt gegen 30 % seiner Forderung abzutreten.

LXI.

A erwirkt gegen B einen Zahlungsbefehl auf 250 Mk. — B erhebt keinen Widerspruch. A erlangt den Vollstreckungsbefehl. Dieser ist bereits dem Gerichtsvollzieher zur Zustellung übergeben. Unterdessen trifft B bei seinem Gläubiger ein und zahlt die 250 Mk. nebst Kosten. A erklärt dem B, daß der Vollstreckungsbefehl zwar schon im Laufe sei, aber in Folge der Zahlung von selbst hinwegfalle. Am anderen Tage wird dem B der Vollstreckungsbefehl zugestellt, was dieser im Hinblick auf die erfolgte Zahlung nicht weiter beachtet. Vier Wochen darauf erwirkt X unter Vorlage einer notariellen Cession, worin A sämmtliche Rechte aus seinen Urtheilen und Vollstreckungsbefehlen gegen eine Pauschalsumme auf ihn übertragen hat, die Vollstreckungsclausel, läßt sie dem B nebst Abschrift der Cessionsurkunde zustellen und beauftragt den Gerichtsvollzieher mit der Vollstreckung. B fragt, was er hiergegen zu thun habe?

LXII.

A hat einen Zahlungsbefehl auf 1000 Mk. erwirkt aus Verkauf von Staatspapieren. Ein Widerspruch wird nicht erhoben. A beantragt den Vollstreckungsbefehl. Der Amtsrichter verweigert ihn, weil er zur Ueberzeugung gekommen sei, daß kein Kauf, sondern bloßer Differenzhandel vorliege; dazu komme, daß sich bei Gelegenheit der Zustellung des Zahlungsbefehles ergeben habe, daß der Beklagte im Bezirk des Amtsgerichts gar nicht wohnhaft sei. A erhebt die sofortige Beschwerde und erklärt die besagten Umstände schon darum für unerheblich, weil der Zahlungsbefehl ein bedingtes Urtheil sei, welches der Richter, wenn kein Widerspruch erhoben, einfach zu bereinigen habe.

LXIII.

A klagt gegen B auf 3000 Mk. Auf diese Klageforderung legen während des Processes die zwei Gläubiger des A: X und Y, ersterer wegen 1000, letzterer wegen 3000 Mk. Beschlag.

B nimmt an, daß diese Beschlaglegung den obschwebenden Proceß nicht beeinflusse und macht hieraus keine Einwendung geltend; er wird dem A gegenüber zu 3000 Mk. verurtheilt. A läßt vollstrecken. Was kann B dagegen machen?

LXIV.

A verlangt nach Rechtskraft des Urtheils die Festsetzung der Kosten. Es ergeht Festsetzungsbeschluß. Der Beklagte behauptet, daß er bereits vor dem Beschluß auf private Notification hin

Alles bezahlt habe und verlangt auf dem Wege der sofortigen Beschwerde Aufhebung des Beschlusses. Hierbei ergibt sich aber, daß die Frist der sofortigen Beschwerde schon verstrichen ist.

LXV.

A erwirkt gegen B ein Versäumungsurtheil. Dasselbe wird vom Gerichtsvollzieher am 1. Mai, da B in der Wohnung nicht angetroffen wird, dem 8 jährigen Kinde des B in dieser Wohnung eingehändigt, gelangt aber erst am 19. Mai in die Hände des B, welcher über das Versäumungsurtheil außerordentlich erstaunt ist, da ihm f. 3. gar keine Ladung zugestellt worden ist: was sich hernach dahin aufklärt, daß die Ladung einem Namensgenossen des B zugestellt und von diesem, als ihn nicht berührend, bei Seite gelegt worden ist. B fragt, was er zu thun habe?

LXVI.

A hat dem B einen vollstreckbaren Titel zustellen lassen und will eine Forderung des B gegen den zur Zeit im Innern Afrikas weilenden X pfänden. Er beantragt, den Pfändungsbeschluß dem X durch Anheften an die Gerichtstafel zustellen zu lassen.

LXVII.

A hat gegen den B bei dem Amtsgerichte x einen Arrestbefehl erwirkt und verschiedene im Amtsgerichtsbezirke liegende Vermögensstücke desselben pfänden lassen. B begehrt, daß die Hauptklage erhoben werde, und erlangt bei dem für die Hauptsache zuständigen Landgerichte z einen Beschluß, wornach binnen

2 Monaten die Hauptklage zu erheben ist. Da A dies unterläßt, so klagt B bei demselben Landgericht auf Aufhebung des Arrestes. Noch vor dem ersten Termin erhebt A nachträglich die Hauptklage. Es fragt sich, ob das Landgericht die Aufhebung des Arrestes aussprechen soll. A protestirt dagegen, weil es genüge, wenn die begehrte Hauptklage vor dem Endurtheil erhoben werde, wofür er sich auf die Analogie des § 105 CPO. beruft; sodann aber sei die Anordnung des Landgerichts, welche ihm die Erhebung der Klage aufgab, nichtig, da nur das Arrestgericht eine solche Verfügung erlassen könne. Wie ist der Fall zu behandeln?

Würde es etwas zur Sache ausmachen, wenn A die Hauptklage 8 Tage vor Ablauf der 2 monatlichen Frist dem Gerichtsvollzieher zur Zustellung übergeben, dieser aber dieselbe erst nach 3 Wochen zugestellt hätte? Wie, wenn die Zustellung der Hauptklage im Auslande zu erfolgen hätte?

LXVIII.

A hat seinen Proceß in 1. Instanz vor dem Landgerichte x verloren. Kurz nach Zustellung des Urtheils wird er wahnsinnig. Wird dadurch die Berufungsfrist unterbrochen? Oder was ist zu thun, um eine Sistirung zu erlangen? Was, um die etwa ruhende Frist wieder in Gang zu bringen?

LXIX.

Durch bedingtes Endurtheil des Landgerichts ist dem Beklagten ein Eid auferlegt worden. In zweiter Instanz wurde das Urtheil mit einigen Modificationen bestätigt. Der Beklagte stirbt. Kläger ladet den oberlandesgerichtlichen Anwalt des

Beklagten vor das Oberlandesgericht zur Fortsetzung des Verfahrens. Dieser bleibt aus. Quid juris?

LXX.

Im Concurs des B hat A eine Forderung von 6000 Mk. angemeldet, welche bereits gegen den Vater des B begründet und mit der Uebernahme des Geschäfts von Seiten des B mit übernommen worden sei. Die Forderung ist im Prüfungstermin von dem Gläubiger Y bestritten, im Uebrigen nicht beanstandet worden. A hat sich einen Auszug aus der Tabelle erwirkt und gegen Y die Feststellungsklage erhoben, und, nachdem er bei dem Landgericht unterlegen ist, bei dem Oberlandesgericht obgesiegt. In Folge dessen erhält er, ein Jahr nach Schluß des Concurses, die ihm vorbehaltenen 20 %. Nachdem der Kridar in den ersten Jahren nach Concursschluß in dürftigen Verhältnissen gelebt hat, erlangt er im sechsten Jahr durch einen Erbfall ein bedeutendes Vermögen. In Folge dessen erwirkt A sofort die Vollstreckungsclausel und läßt für die restirenden 80 % seines Anspruchs gegen B vollstrecken. B hat aber in den letzten Tagen bei Gelegenheit einer Erbschaftsregulirung erfahren, daß die angemeldete Forderung des A längst vor seiner Geschäftsübernahme von seinem Vater bezahlt worden sei, nur sei aus Versehen der Eintrag in den Büchern unterblieben. Er fragt, wie hier zu helfen ist?

LXXI.

A klagt gegen B vor dem Amtsgerichte x auf 250 Mk. — B bleibt im Termine aus. A beantragt Versäumnißerkenntniß. Das Amtsgericht weist den Antrag zurück, weil die Klage dem außerhalb des Amtsgerichtsbezirks wohnenden Beklagten nur 5 Tage vor dem Termin zugestellt worden ist. Auf sofortige Beschwerde hebt das Landgericht diesen Beschluß auf, weil zwar der Beklagte außerhalb des Bezirks wohne, aber die Ladung ihm innerhalb des Bezirkes auf dem Markte zugestellt und von ihm anstandslos angenommen worden sei. In dem folgeweise anberaumten neuen Termin des Amtsgerichtes wiederholt der Kläger seinen Antrag auf Versäumungsurtheil mit der beiläufigen Bemerkung, daß der Beklagte zwischen dem ersten und zweiten Termine gestorben sei. Auf das letztere hin weist das Amtsgericht den Antrag von Neuem zurück, da durch den Tod des B das Verfahren unterbrochen worden sei. A erhebt von Neuem die sofortige Beschwerde. Wie ist der Fall zu behandeln? Bedarf es zur Erhebung der sofortigen Beschwerde eines Anwaltes?

LXXII.

Das Oberlandesgericht in Karlsruhe kommt in die Lage, das Allgemeine Preuß. Landrecht in Anwendung zu bringen. Die eine Partei führt die Revision aus, weil eine Norm des Preuß. Landrechts unrichtig ausgelegt worden sei; von der andern Seite wird bestritten, daß es sich hier um eine revisible Rechtsnorm handle. Quid juris?

LXXIII.

In einem Patentprocesse wird die Entscheidung dahin gegeben: der Beklagte sei berechtigt, ohne Zustimmung des Klägers eine Mischung herzustellen, jedoch nur sofern sich daraus nicht der Abfallstoff x ergibt; die Production dieses Abfallstoffes war nämlich unter anderem von dem Kläger als sein ausschließliches Recht beansprucht worden. Der Beklagte weist nach, daß eine Herstellung der betreffenden Mischung ohne den Abfallstoff unmöglich sei und behauptet hiernach die Nichtigkeit des Urtheils, weil es etwas Unmögliches enthalte.

LXXIV.

A hat in Frankreich ein contradictorisches Urtheil erwirkt, wornach B sich jeder Nachahmung seines Musters im In- wie Auslande enthalten solle. Das Urtheil ist rechtskräftig geworden. A will auf Grund der Gegenseitigkeit das Urtheil in Baden vollstrecken lassen und klagt deßhalb bei dem Landgerichte Karlsruhe auf Vollstreckungsurtheil. Der Beklagte bleibt aus.

LXXV.

A klagt gegen seinen Flußnachbarn B, weil dieser widerrechtlich einen Theil des Dammes eingerissen habe, in Folge dessen bei plötzlichem Steigen des Stromes sein Besitzthum überschwemmt worden sei und schweren Schaden gelitten habe. B leugnet das Einreißen des Dammes, indem er nur den darauf gehäuften Kehricht weggenommen habe, und bestreitet eventuell den Causalzusammenhang, indem das Wasser an einer andern Stelle eingebrochen sei. Das Gericht gelangt auf Grund der Beweiserhebung zu der Ueberzeugung, daß B rechtswidrig den Damm abgehoben habe, sowie daß A durch die Ueberschwemmung um 1000 Mk. geschädigt worden sei. Die Frage über den Causalzusammenhang verlangt noch technisch hydrographische Untersuchungen, welche durch Sachverständige vorzunehmen sind. Es erhebt sich die Controverse, ob nicht unterdessen die Thatsache des rechtswidrigen Dammabhebens und die Thatsache des eingetretenen Schadens durch Zwischenurtheil festgesetzt werden könne; was um so wünschenswerther wäre, als die technischen Untersuchungen wohl längere Zeit in Anspruch nehmen dürften.

LXXVI.

A hat eine Entschädigungsklage auf 10,000 Mk. erhoben. Das Gericht beschließt, zuerst über die Frage der Begründetheit des Anspruchs allein zu verhandeln; die Verhandlung führt zu einem Urtheil, welches den Kläger abweist, da der Schadensgrund nicht nachgewiesen sei. Gegen dieses Urtheil appellirt der Kläger, und das Oberlandesgericht nimmt auf Grund neuer Beweise an, daß der Schadenersatzanspruch begründet sei. Wie geht die Sache weiter? Insbesondere, wie ist über die Schadenshöhe zu entscheiden?

LXXVII.

A klagt gegen B aus Darlehen von 10,000 Mk. vom 8. October 1889, welches der Erblasser des Klägers dem Beklagten gegeben habe, und obsiegt in erster Instanz. B legt die Berufung ein. In der Berufungsinstanz, auf eingehendes Befragen, setzt der Kläger Appellat den Sachverhalt in folgender Weise näher auseinander:

„Mein Erblasser verkaufte im Jahre 1888 an B ein Pferd um 1000 Mk. Da B nicht bezahlte, so kamen beide am 8. October 1889 überein, daß das Geld ein Jahr lang bei B zu 5 % verzinslich stehen bleiben solle."

Nunmehr gibt B zu, daß eine solche Schuld entstanden sei, behauptet aber, daß der Kläger ihm aus einem andern Kaufe 1500 Mk. schulde, welche er compensando geltend mache; zu einer früheren Geltendmachung habe er keine Veranlassung ge-

habt, da er der Abweisung der so völlig anderen Darlehens=
klage sicher entgegengesehen habe. A erklärt, daß dieses compensando vorgebrachte Kaufgeschäft von keiner Seite erfüllt,
sondern durch contrarius consensus aufgehoben worden sei;
was B bestreitet. Wie ist der Fall zu behandeln?

LXXVIII.

A klagt gegen B auf Zahlung von 1000 Mk. B be=
streitet die ganze Forderung. Das Landgericht verurtheilt B
zu 900 Mk. und $^9/_{10}$ der Kosten, und weist den A mit dem
Restbetrage unter Verfällung in $^1/_{10}$ der Kosten ab. A legt
dagegen die Berufung ein, welcher Berufung sich B nachträg=
lich anschließt. In der Berufungsinstanz erklärt B, er habe
soeben erst erfahren, daß A ein im Inlande sich aufhaltender
Ausländer sei; dieses sei erst neuerdings in Folge von Militär=
angelegenheiten an's Licht gekommen. Er verlange daher nun=
mehr, restitutionsweise, Caution für sämmtliche Proceßkosten. Der
Kläger gibt die Ausländerqualität zu, bestreitet aber die Zu=
lässigkeit des nachträglichen Cautionsbegehrens, da ein Fall des
hier allein maßgebenden § 103 CPO. nicht vorliege. Das
Gericht bestimmt jedoch, daß der Kläger innerhalb 6 Wochen
eine Caution in bestimmter Höhe zu leisten habe. Die Caution
wird nicht geleistet. B beantragt nunmehr in einem weiteren
Termin, daß die Klage als nicht erhoben betrachtet werden solle,
da er den Einwand der mangelnden Caution restitutionsweise
gemacht habe, und es daher so zu halten sei, als wie wenn
der Antrag bereits in erster Instanz vorgebracht worden wäre.
A wiederholt seinen Protest gegen die Cautionspflicht und er=
klärt eventuell, daß gemäß § 105 CPO. höchstens die Berufung
verworfen, niemals aber die bereits durch Urtheil erledigte erste

Instanz wieder rückgängig gemacht werden könne. Hiergegen verwahrt sich B, welcher befürchtet, daß mit Verwerfung der Berufung auch seine Anschließung wegfalle; während der klägerische Anwalt um so mehr auf seinem Widerspruche beharrt, als seine Partei bei Aufhebung der Klage zu gewärtigen hätte, daß einer neuen Klage der Einwand der Verjährung entgegengehalten werde, da die alte Klage kurz vor Ablauf der Verjährungsperiode angestellt worden ist und die Verjährungsfrist nunmehr verstrichen wäre. Der klägerische Anwalt fragt noch: ob er nicht gegen das richterliche Erkenntniß, welches die Cautionsleistung anordnete, hätte vorgehen können und sollen, und ob ihm nicht hierwegen eine Versäumung zur Last falle. Quid juris?

LXXIX.

A klagt gegen B auf Entschädigung wegen Körperverletzung, wobei er für Versäumung seiner gewöhnlichen Thätigkeit, für den dadurch veranlaßten indirecten weiteren Schaden und für Ersatz wegen erlittener Schmerzen sehr hohe Beträge liquidirt. B bleibt aus. A beantragt Versäumungsurtheil. Dieses wird erlassen, aber für einen viel geringeren Betrag, indem das Gericht nur den unmittelbaren Vermögensschaden berücksichtigt und diesen nach der allgemeinen Lebenserfahrung abschätzt. A legt die Berufung ein und führt dabei insbesondere aus, daß auch die Schätzung zum Thatsächlichen gehöre, so daß der Richter im Versäumungsfalle an das Klagevorbringen gebunden sei. Unterdessen hat B Einspruch erhoben; das Berufungsverfahren wird vertagt, das erstinstanzliche Urtheil nach gepflogener Einspruchsverhandlung aufrecht erhalten und das Einspruchsurtheil zugestellt. Zwei Monate darauf ladet A, welcher sich bei der geringeren Summe nicht beruhigen will, den

Beklagten vor das Berufungsgericht zur Fortsetzung der Berufungsverhandlungen; denn da das Versäumungsurtheil aufrecht erhalten sei, so handle es sich nunmehr lediglich darum, das begonnene Berufungsverfahren fortzusetzen. Wie ist der Fall zu behandeln?

LXXX.

Im Concurs des A veräußert der Concursverwalter aus freier Hand die Liegenschaft x an den B unter Vorbehalt der Zustimmung des Gläubigerausschusses. Diese Zustimmung erfolgt; aber auf Antrag des Kridars beruft das Gericht die Gläubigerversammlung, welche sich gegen den Privatverkauf ausspricht. Der Käufer behauptet die Perfection des Kaufes, da die vorbehaltene Bedingung eingetreten sei und das Weitere ihn gemäß § 124 KO. nicht berühre. Er fragt, wie und wo er seinen Anspruch geltend zu machen habe, wenn der Concursverwalter, wie vorauszusehen, den Vollzug des Verkaufes verweigere.

LXXXI.

A hat auf die Forderung des F gegen X Beschlag gelegt; die Ueberweisung ist noch nicht erfolgt. Unterdessen fällt X in Concurs. Während des Concurses legen auch B und C Beschlag auf die gleiche Forderung. Es erheben sich Streitigkeiten über die Geltendmachung der Forderung im Concurs, insbesondere im Zwangsvergleichsverfahren.

LXXXII.

Dem Beklagten ist über den Einwand der Zahlung der Eid zugeschoben; das Landgericht ordnet die Abnahme des Eides durch Beweisbeschluß an und bestimmt, daß wegen der großen Entfernung des Beklagten vom Gerichtsorte das Amtsgericht x den Eid abnehmen solle. Im Eidestermin vor dem Amtsgericht erscheint Niemand. In dem darauf folgenden Termin vor dem Processgericht erscheinen beide Anwälte. Der klägerische Anwalt beantragt gegen den Beklagten Versäumungsurtheil nach § 430 CPO. Der Anwalt des Beklagten widerspricht, weil das Gericht nur über eine solche Säumniß erkennen dürfe, welche vor ihm selbst vorgekommen ist; weßhalb nunmehr nochmalige Tagfahrt zur Eidesleistung vor dem Processgericht anzuberaumen sei. Wie ist der Fall zu behandeln?

LXXXIII.

Durch Beweisbeschluß ist dem Beklagten ein Eid auferlegt. Im Eidestermin, der vor einem requirirten Richter stattfinden sollte, ist Niemand erschienen. In der Verhandlung vor dem Processgericht verlangt der Kläger, daß der Eid für verweigert erklärt werde. Das Gericht weist aber die Klage sofort ab, da es annimmt, daß das Gegentheil der Beweisthatsache anderweitig genügend dargethan sei.

LXXXIV.

Das Landgericht hat den Beklagten verurtheilt, sofern der Kläger einen bestimmten Eid leistet. Das Oberlandesgericht beläßt es bei dem Eide, verurtheilt aber den Beklagten unter Vorbehalt dieses Eides zu etwas ganz Anderem, mit Rücksicht darauf, daß der Kläger ein eventuelles Petitum aufgestellt hatte, welches das Oberlandesgericht allein für durchschlagend erachtet. Das Urtheil ist rechtskräftig und der Kläger ladet den Beklagten vor das Landgericht zur Eidestagfahrt. Das Landgericht erklärt, den Eid nicht erheben zu können, weil der Eid, wie er im oberlandesgerichtlichen Urtheile stehe, in der That vom Oberlandesgerichte auferlegt und das Eidesurtheil ein oberlandesgerichtliches Urtheil sei. Quid juris? Wie ist zu verfahren, wenn nur der Kläger, nicht auch der Beklagte in der Eidestagfahrt erscheint?

LXXXV.

Gegen den A ist am 1. August Nachmittags 3 Uhr Concurs eröffnet worden, auf Grund einer vom 31. Juli datirten Eingabe desselben, welche den Gantantrag und die nöthigen Verzeichnisse und Uebersichten enthält. Der Gerichtsvollzieher, welcher mit der sofortigen Zustellung betraut wird, erfährt, als er am Abend des 1. August in die Wohnung des A kommt, daß derselbe sich am gleichen Tage Mittags 1 Uhr entleibt hat. Wie ist die Sache zu behandeln?

LXXXVI.

Für eine Schuld des B hat sich X verbürgt. Im Concurs des B liquidirt der Gläubiger A und der Bürge X, letzterer wegen des Ausfalles, den der Gläubiger erleide und der auf dem Bürgen haften bleibe. Bevor Zahlung geleistet ist, geräth auch der Bürge in Concurs. Der Gläubiger liquidirt nun seine ganze Forderung auch in der Gant des Bürgen. Welches ist das Schicksal der Liquidationen? Wie, wenn die Gant des B 40 %, die des Bürgen 70 % ergibt?

LXXXVII.

Der Concursverwalter hat in das Gläubigerverzeichniß zum Zwecke der Abschlagsvertheilung den Gläubiger A aufgenommen, dessen Forderung im Concurs allseitig anerkannt worden ist. Ein Mitgläubiger X macht bei dem Amtsgericht Einwendung, weil A nachträglich von einem Mitschuldner des Kridars volle Bezahlung erhalten habe, daher nichts mehr zu fordern berechtigt sei. Er verlangt, daß sein Posten hiernach gestrichen werde.

LXXXVIII.

Bei der Schlußvertheilung hat ein Gläubiger 20 % seiner Forderung zu bekommen. Da im Concurs noch eine langsichtige Forderung gegen einen Schuldner des Kridars vorhanden ist, so vereinbart der Gläubiger mit dem Concursverwalter, daß ihm dieser Ausstand an Zahlungsstatt überlassen wird. Nachdem Alles vertheilt ist, stellt sich heraus, daß der Ausstand gar nicht mehr existirt.

LXXXIX.

Gegen die Einzelfirma A bricht Concurs aus; derselbe wird durch Gantvergleich erledigt, welcher allen Gläubigern 25 % bietet. Nachträglich erfahren eine Menge Gläubiger des B, daß, was wenig bekannt war, B vor 3 Monaten das Geschäft und die Firma A übernommen habe: diese Gläubiger hatten alle nicht liquidirt, weil sie keine Ahnung hatten, daß unter der Firma A ihr Schuldner B stecke. Gleichwohl behauptet B, daß sie durch den Gantvergleich gebunden seien. Wie, wenn B tendenziös die Firma mit fremdem Namen übernommen und die Sache möglichst geheim gehalten hätte?

XC.

B ist von dem Landgerichte x rechtskräftig zur Zahlung von 1000 Mk. an den A verurtheilt. A erwirkt bei dem Amtsgerichte y den Vollstreckungsbeschlag auf eine ausstehende Rente des B. — B verlangt bei dem Amtsgericht mündlich die Aufhebung des Beschlags, weil die Rente gemäß § 749 Z. 3 CPO. zur Competenz gehöre, wird aber abgewiesen, und erhebt die sofortige Beschwerde durch Erklärung zum Protocolle des Gerichtsschreibers. Das Landgericht weist die Beschwerde als unförmlich ab, weil in landgerichtlichen Proceßsachen die Beschwerde nur in Ausnahmefällen zum Protocolle des Gerichtsschreibers gegeben werden könne und ein solcher Ausnahmefall nicht vorliege (§§ 532, 163 CPO.). Auf nochmalige Beschwerde hebt das Oberlandesgericht diesen Beschluß auf, erklärt die Beschwerde für richtig erhoben und zugleich für materiell begründet, da die Rente von 2000 Mk. zum Unterhalt für den Schuldner und dessen aus 6 Köpfen bestehende Familie bringend nothwendig, ja kaum hinreichend sei. Hiergegen legt der Kläger die Beschwerde an das Reichsgericht ein, indem er auszuführen versucht, daß die Entscheidung des Oberlandesgerichts sowohl bezüglich der Form der Beschwerdeeinlegung irrig als auch bezüglich der Sache selbst für ihn beschwerend sei. Es sei nämlich zu berücksichtigen, daß der Beklagte durch seine Beschäftigung noch 1000 Mk. im Jahr verdiene (wofür ein Zeugniß seines Dienstherrn beigefügt wird) und daß, wenn er nach Maßgabe seiner Kräfte arbeiten wollte, er leicht Gelegenheit hätte, das Doppelte und Dreifache zu verdienen, wofür verschiedene Beweismittel angeboten werden. Nachdem das Reichsgericht schriftliche Erklärung angeordnet hat, bekämpft der Beklagte die Beschwerde aus verschiedenen Gründen als unzulässig, bestreitet namentlich das Recht, Neuheiten zu bringen, erklärt sie jedenfalls für unerheblich, verweigert die Antwort darauf. Wie ist der Fall zu behandeln? Wie steht es mit der Vertretung durch Anwälte im Beschwerdeverfahren?

XCI.

A ist in Concurs gefallen und hat mit den Gläubigern einen gerichtlich bestätigten Zwangsvergleich abgeschlossen, wonach er denselben unter Bürgschaft seines Schwiegervaters, welcher auf alle Einreden verzichtet, binnen 2 Jahren 40 % auszuzahlen hat. Bald darauf erweist es sich, daß derselbe viele Vermögensstücke verheimlicht hat, so daß er wegen betrügerischen Bankrotts rechtskräftig verurtheilt wird. Auf Antrag des Gläubigers X wird das Concursverfahren gegen ihn wieder aufgenommen. Der Gläubiger Y hatte seiner Zeit einen Anspruch auf 3000 Mk. angemeldet, welcher vom Concursverwalter im Prüfungstermin anerkannt, aber von einem anderen Gläubiger Z, welcher eine Forderung von 6000 Mk. angemeldet hatte, widersprochen worden ist. Ein weiterer Widerspruch ist nicht laut geworden. Nach Wiedereröffnung des Concurses meldet Y seine Forderung von Neuem an: sie wird im Prüfungstermin vom Concursverwalter anerkannt, ein Widerspruch wird nicht erhoben. Der Gläubiger Z ist nämlich seit längerer Zeit abwesend und hat von der Wiedereröffnung des Concurses keine Kenntniß erhalten, weßhalb er auch seine Anmeldung nicht wiederholt hat. Wie ist die Sache bezüglich der Gläubiger Y und Z zu behandeln? Und wie verhält es sich mit einer etwaigen Inanspruchnahme des Schwiegervaters des Kridars?

XCII.

Im Concurs der offenen Handelsgesellschaft A und B wird ein Gantvergleich auf 40 % abgeschlossen. In dem gleichzeitigen Concurs des Gesellschafters A, welcher sehr viele Privatschulden hat, kommt durch die Stimmen der Privatgläubiger ein Vergleich von 25 % zu Stande. In dem ebenfalls gleichzeitigen Concurs des B scheitern die Vergleichsverhandlungen.

XCIII.

In einem gegen den B in Paris ausgebrochenen Concurs ist ein Zwangsvergleich abgeschlossen und gerichtlich bestätigt worden. B zieht nach Baden und gründet hier ein Geschäft. Die Gläubiger belangen ihn auf das Ganze. Er fragt, ob ihm der in Frankreich gewährte Zwangsvergleich nichts helfe? Ob er ihn nicht durch Vollstreckungsurtheil bestätigen lassen solle, da zwischen Baden und Frankreich Gegenseitigkeit bestehe?

XCIV.

A hat eine nach 2 Jahren fällige unverzinsliche Forderung gegen B auf 10,000 Mk. aus Erbtheilung. B, welcher von A seinerseits 3000 Mk. aus Darlehen zu fordern hat, fällt in Concurs. Im Concurs meldet A seine 10,000 Mk. an, aber mit der sofortigen Erklärung, daß er davon 3000 Mk. gegen die Forderung des Gantmannes compensire. Der Concurs wird durch Zwangsvergleich in der Art erledigt, daß die Gläubiger 30 % bekommen. Welche Rechtsverhältnisse ergeben sich hieraus? Es wird noch geltend gemacht, daß bei Hingabe des Darlehens bedungen worden sei, daß die Erbtheilungsforderung niemals und unter keinen Umständen gegen die Darlehensforderung zur Aufrechnung gebracht werden dürfe.

XCV.

A hat im Concurs 1000 Mk. liquidirt. Da das Liquidat vom Concursverwalter und einem Mitgläubiger bestritten wird, so erhebt er gegen beide die Festsetzungsklage. Während der Proceß noch schwebt, kommt ein Zwangsvergleich zu Stande. Wie steht es mit der Fortsetzung des Processes? Wie, wenn der Concurs durch Ausschüttung der Masse erledigt würde?

XCVI.

Nach dem Tode des A haben seine 3 Söhne M, N und X die Erbschaft in ungetheiltem Miteigenthum. Der Nachbar B behauptet, daß ihm seiner Zeit von dem Erblasser an der Erbschaftsliegenschaft f eine Wegegerechtigkeit bestellt worden sei; da ihm die Ausübung derselben versagt wird, so erhebt er Klage gegen M, N und X; M gibt in der ersten Tagfahrt die Wegeservitut zu und bittet, ihn aus dem Processe zu entlassen; N bestreitet jede Bestellung der Servitut, während X die Bestellung zugibt, aber das Erlöschen der Servitut durch Nichtgebrauch behauptet. Der Kläger verlangt die Edition eines angeblich in der Hand des X befindlichen Briefes, aus welchem die Bestellung der Servitut erhelle, und begehrt im Bestreitungsfalle die Ausschwörung des Editionseides.

Wie ist der Fall processualisch zu behandeln? Wie, wenn das Urtheil zu Gunsten des Klägers ausfällt, und nur X die Berufung einlegt? Wie, wenn die 3 Brüder während des Processes die Liegenschaft theilen und sie dem einen unter ihnen zuweisen? Ist hierbei die verschiedensache Behandlung des Theilungsgeschäfts in den verschiedenen Civilgesetzgebungen von Bedeutung?

XCVII.

A hat gegen B aus einem Wettvertrag auf 2000 Mk. geklagt, ist aber, weil das Gericht nach dem maßgebenden Civilrecht den Wettvertrag für unklagbar hielt, in erster Instanz nach contradictorischem Verfahren abgewiesen worden, und hat die Berufung eingelegt. Während obschwebender Berufung geräth B in Concurs. A meldet die Forderung an, erfährt aber den Widerspruch des Concursverwalters, der Gläubiger X und Y und des Kridars. In Folge dessen nimmt er den Proceß gegen den Concursverwalter, den Kridar und den Gläubiger X auf (der Widerspruch des Y wurde übersehen). Der Concursverwalter und der Gläubiger X beziehen sich lediglich auf die Rechtsausführungen der I. Instanz; der Kridar bringt das Novum vor, daß ihm A nachträglich erklärt habe, er wolle in Anbetracht seiner Vermögensverhältnisse von der Wette keinen Gebrauch machen; der Concursverwalter und X schließen sich diesem Novum nicht an, da es mit ihrem Standpunkte im Widerspruche stehe. Das Gericht hält die Rechtsanschauung der I. Instanz für unrichtig und die Wette für klagbar, dagegen das Novum für erheblich und für geeignet, den klägerischen Anspruch zu zerstören. Wie ist zu verfahren und zu entscheiden? Mit welcher Wirkung auf den Concurs? Kann Y, wenn er von dem Processe erfährt, sich anschließen? und wie?

XCVIII.

A hat bei der Gesellschaft X seine Ladung versichert. Die Gesellschaft hat bei der Gesellschaft Y Rückversicherung genommen.

Die Gesellschaft X fällt in Concurs und zieht die Gesellschaft Y in den Concurs nach. Welche Beziehungen ergeben sich hieraus für den A?

XCIX.

A meldet im Concurs 2000 Mt. an, B 3000 Mt. Die Forderung des A wird von B, die des B wird von A bestritten. Ein jeder erhebt gegen den andern die Feststellungsklage. Die Klage des A wird dadurch erledigt, daß A rechtskräftig abgewiesen wird. Welche Verhältnisse entwickeln sich hieraus?

C.

C hat im Arrestverfahren für 500 Mt. auf die Forderung des A gegen den B im Betrag von 1000 Mt. Beschlag gelegt. Nachträglich haben K und bald nach ihm L auf Grund vollstreckbarer richterlicher Urtheile für je 800 Mt. auf dieselbe Forderung Vollstreckungsbeschlag gelegt, und hat sich zuerst L, sodann K die Forderung zur Einziehung überweisen lassen. Beide erklären ihren Anwälten, daß dem C gar kein Anspruch gegen den A zustehe, und er in einem etwaigen Hauptprocesse sicher abgewiesen würde, womit sein Arrest von selbst hinfällig würde; dem A aber liege nichts daran, den Hauptproceß zu provociren, da seine Forderung ja doch von ihrer Seite gepfändet bleibe. Außerdem macht L geltend, daß das Urtheil des K nur vorläufig vollstreckbar sei; wenn nun K vom Drittschuldner Zahlung erlangte, hernach aber sein Urtheil, wie zu erwarten, in folgender Instanz aufgehoben würde, so sei zu befürchten, daß zwar K das Empfangene an den A zurückzahle, er, der L aber, trotz seiner Beschlaglegung und Ueberweisung, von dem Gelde nichts mehr zu sehen bekomme. Quid juris?

CI.

In dem Vertheilungsverfahren vor dem Amtsgerichte x, wo es sich um die Auseinandersetzung mehrerer Gläubiger bezüglich einer gepfändeten Forderung handelt, ist Gläubiger A nicht erschienen; dagegen hat der Mitgläubiger B Widerspruch gegen die Locirung einer dritten Forderung eingelegt. Nachträglich cedirt A seine Forderung an B. B hat auf seinen Widerspruch hin rechtzeitig Klage erhoben und angemeldet, und verfolgt nun den Widerspruch bezüglich seiner ursprünglichen und bezüglich der durch Cession erworbenen Forderung.

CII.

A erwirkt einen Arrestbefehl gegen B und läßt vom Arrestgericht sofort den Ausstand des B bei X mit Beschlag belegen. Das Arrestgericht erledigt beides in einem Beschluß, welcher zuerst dem X, sodann dem B zugestellt wird. X erklärt, daß ihn die Beschlagnahme nicht berühre, da sie erfolgt sei, bevor der Arrestbefehl dem Schuldner zugestellt wurde; außerdem sei er dem B nichts mehr schuldig, der Ausstand schon längst beglichen.

A erhebt gegen X eine Feststellungsklage auf Feststellung a) dessen, daß der Ausstand noch bestehe, und b) dessen, daß die Beschlagnahme bindend sei.

CIII.

A hat ein gegen Sicherheitsleistung vorläufig vollstreckbares Urtheil gegen B. Auf seinen Antrag beschlagnahmt das Vollstreckungsgericht, ohne daß die Sicherheitsleistung erfolgt ist, eine Forderung des B gegen X. Dieselbe Forderung wird sodann auch von F und G gepfändet. Nachträglich leistet der Gläubiger die Sicherheit und läßt dem Schuldner eine öffentliche Urkunde darüber zustellen. Nachdem dieses geschehen, fällt der Gläubiger F, der in anderer Weise befriedigt ist, weg, aber ein neuer Gläubiger H pfändet die Forderung. Welche Rechtsverhältnisse ergeben sich hieraus?

CIV.

A hat ohne mündliche Verhandlung Arrest erwirkt. Im Arrestbefehl werden ihm zugleich die Kosten zugesprochen. Auf dagegen erhobenen Widerspruch wird der Arrest unter Verfällung des Widersprechenden in die Kosten bestätigt. Der Arrestleger beantragt Kostenfestsetzung. Dieselbe wird verweigert, weil der Arrestbefehl nur in der Sache selbst, nicht bezüglich der Kosten ein vollstreckbarer Titel sei.

CV.

A hat eine Forderung des B gegen X gepfändet. Der Pfändungsbeschluß ist dem X in dessen Abwesenheit durch Uebergabe an seinen Dienstboten in der Wohnung zugestellt worden. Der Dienstbote hat das Schriftstück unterschlagen. X, der nichts von der Pfändung ahnt, zahlt das Geld an den B, der damit das Weite sucht. Der Gläubiger A läßt sich die Forderung überweisen und verlangt die Zahlung von X.

CVI.

A meldet im Concurs des B auf Grund von 10 auf je 1000 Mt. lautenden Accepten den Betrag von 10,000 Mt.

an. Im Prüfungstermin erkennt der Concursverwalter den Anspruch an, und auch von Seiten der Gläubiger erhebt sich kein Widerspruch; der Gantschuldner ist in das Ausland geflohen und kehrt erst gegen Schluß des Concurses zurück. Nunmehr weist derselbe nach, daß die 10 Accepte gefälscht sind, und veranlaßt eine Untersuchung gegen den A, in Folge welcher derselbe wegen Urkundenfälschung verurtheilt wird. A hat im Concurs 2000 Mk. abschlägig erhalten und sollte bei der Schlußvertheilung weitere 1000 Mk. bekommen. Wie ist gegen ihn zu verfahren?

CVII.

B nimmt von A ein Darlehen; dabei wird ausgemacht, daß A niemals auf die dem B gehörige Gemäldegallerie greifen dürfe, diese vielmehr bei der Befriedigung des Darlehensgläubigers ganz außer Betracht bleiben müsse. B kommt in Concurs. Die Gemäldegallerie soll versteigert werden. Kann B hiergegen Widerspruch erheben? Wie, wenn A der einzige bedeutendere Gläubiger ist? wenn er die übrigen Forderungen aufgekauft? einen Theil seiner Forderung cedirt hat?

CVIII.

A hat sich für dieselbe Zeitperiode bei X, Y, Z verdungen. Alle Drei erlangen gegen ihn Urtheile, wornach er verpflichtet ist, den Vertrag zu erfüllen. Jeder will durch Beugemittel die Erfüllung erzwingen. A erklärt, daß eine gleichzeitige Erfüllung rein unmöglich sei; auf ein successives Eintreten lassen sich die Gläubiger nicht ein. Quid juris?

Wie, wenn die Beugehaft zu Gunsten des Y begonnen hätte und nunmehr X und Z auftreten würden?

CIX.

Bei der Abschlagsvertheilung ist ein bedingter Gläubiger, weil die Erfüllung der Bedingung nicht nachgewiesen sei, unberücksichtigt geblieben. Er hat die Einwendungsfrist vorübergehen lassen. In der Schlußvertheilung ist nur noch wenig zu bekommen. Nachträglich erfährt der Gläubiger, daß der Concursverwalter von einem seiner Gegner Geld erhalten hat, auf daß er ihn bei Seite schiebe. Der Gläubiger fragt, ob ihm nicht geholfen werden könne: der Concursverwalter habe allerdings so wenig Vermögen, daß ein Regreß gegen ihn nichts nütze; auch der Gegner, dem die „Bestechung" zur Last gelegt wird, hat nicht Genügendes, um ihn zu entschädigen. Sollte nicht ein Regreß gegen die befriedigten Gläubiger möglich sein?

CX.

Nachdem der Concurs des B durch Ausschüttung der Masse erledigt ist, legt der Concursgläubiger A Vollstreckungsbeschlag auf eine Forderung des ehemaligen Gantmannes gegen den X. Einige der übrigen Concursgläubiger behaupten, daß die Forderung in den Concus gehört habe und der Gläubigerschaft hinterhalten worden sei. Welche Rechtsbeziehungen würden sich hieraus ergeben?

CXI.

B ist durch ausländisches Börsenschiedsgericht zur Zahlung einer beträchtlichen Summe verurtheilt worden. Der Gläubiger klagt in Deutschland auf Vollstreckungsurtheil. B macht geltend, daß zwischen dem ausländischen Staat und Deutschland keine Gegenseitigkeit verbürgt sei; dazu komme, daß der Schiedsspruch nicht auf freiwilliger Unterwerfung beruhe, sondern auf dem Zwang der ausländischen Börsenordnung. .

CXII.

A hat über die aus dem Mandatsverhältnisse mit B entspringenden Forderungen einen Schiedsvertrag abgeschlossen. Auf diese Forderungen wird von C Beschlag gelegt; sie werden ihm nachträglich zur Einziehung überwiesen. C behauptet, daß ihn der Schiedsvertrag nicht berühre. Ehe diese Frage zum Austrage kommt, geräth B in Concurs. C meldet die Forderung in bestimmter Höhe an; der Concursverwalter und mehrere Gläubiger machen geltend, daß zwar ein Mandatsverhältniß bestanden habe, aber die Ansprüche des A durch Gegenansprüche auf 1/4 des eingelagten Betrages reducirt seien. Nun erhebt C gegen den Concursverwalter und die widersprechenden Gläubiger die Festsetzungsklage. Der eine dieser Gläubiger macht den Einwand des Compromisses geltend; der Concursverwalter und die übrigen Gläubiger hätten gegen die gerichtliche Entscheidung nichts einzuwenden.

CXIII.

A und B kommen in Differenzen; sie verständigen sich dahin, daß dieselben von dem dafür zuständigen Landgerichte x in erster und letzter Instanz erledigt werden sollen. Nach verkündetem Urtheile, welches den B zur Zahlung von 1200 Mk. verurtheilt, erfährt der Schwiegervater des B, welcher für ihn gebürgt hat, von der Sache und fragt, ob er nicht interveniren und als Intervenient die noch nicht erfolgte Urtheilszustellung betreiben und die Berufung einlegen könne. Er macht unter

Anderem auch geltend, daß jene Vereinbarung auf einer arglistigen Ueberrumpelung seines leicht zugänglichen Schwiegersohnes beruhe.

CXIV.

Nachdem der Proceß in 3 Instanzen zu Gunsten des Klägers erledigt ist, läßt der Kläger seine zum Ersatz geeigneten Kosten durch das Gericht erster Instanz festsetzen, welcher Festsetzungsbeschluß dem Beklagten in Person zugestellt wird. Der Beklagte will nach Verfluß von 3 Wochen die sofortige Beschwerde einlegen. Er glaubt, daß die Beschwerde noch rechtzeitig sei, da der ohne Verhandlung erlassene Festsetzungsbeschluß seinem Anwalte hätte zugestellt werden sollen und eine solche Zustellung nicht erfolgt ist. Quid juris?

CXV.

In einer Erbschaftsangelegenheit vereinbaren die Interessenten schriftlich, daß durch den X als Schiedsrichter die Erbtheilung vollzogen und dabei alle Differenzen verbeschieden werden sollen. X läßt sich von den Parteien das Vermögensinventar geben, macht auf Grund dieses Inventars und der ihm persönlich genau bekannten Verhältnisse, ohne weiter mit den Parteien zu verkehren, einen Theilungsbescheid, worin auch verschiedene Gleichstellungsgelder festgesetzt werden, und motivirt seine Entscheidung einfach damit, daß „die Sache nicht besser und zweckmäßiger gemacht werden könne". Dieses Operat wird von ihm in mehreren Exemplaren ausgefertigt, als Schiedsspruch überschrieben, datirt, unterzeichnet („X, Schiedsrichter") und den Interessenten in „Erledigung seines Auftrages" durch die Post zugesendet. Die eine Partei erhebt, da die Sache Widerspruch findet, Klage auf Vollstreckungsurtheil. Der Beklagte erwidert, daß ein Schiedsspruch gar nicht vorliege, weil die gerichtliche Zustellung und die Niederlegung bei Gericht fehle. Eventuell sei der Spruch ungültig, weil er ohne Gründe sei, da eine derartige Motivirung nicht als Begründung gelten könne. Schließlich behauptet er, der X habe wohl gar die Sache falsch aufgefaßt, und angenommen, daß der Schiedsspruch nur eine gutachtliche Aeußerung darstelle, weil er sonst doch wohl die Parteien irgendwie vorher vernommen hätte. Quid juris?

CXVI.

Durch Schiedsspruch ist B zur Zahlung von 1000 Mk. verurtheilt worden. Er ficht auf dem Klagewege den Schiedsspruch an, weil kein gültiger Schiedsvertrag zu Grunde liege. In der letzten mündlichen Verhandlung macht er außerdem geltend, daß ihm das rechtliche Gehör nicht gewährt worden sei: allerdings sei im Schiedsvertrag solches Nichtgehör zugelassen, aber die Clausel sei nichtig; denn die Zulassung oder Nichtzulassung sei im Vertrage von dem Willen des Gegners A abhängig gemacht und dies sei keinesfalls gestattet. Der Gegner A rügt das nachträgliche Vorbringen als unzulässig und bestreitet die rechtliche Relevanz der allerdings an sich richtigen Thatsache. Zugleich erhebt er die Klage auf Vollstreckungsurtheil als Widerklage; was wiederum B als unzulässig bekämpft.

CXVII.

Die zwei Fabriken A und B, welche in Patentdifferenzen leben, verabreden sich dahin, daß ein Schiedsrichter entscheiden solle, ob die von der Fabrik B eingeschlagene Procedur einen Eingriff in das Patent der Fabrik A enthalte. Der Schiedsrichter bejaht die Frage. Welche Verhältnisse ergeben sich hieraus?

CXVIII.

A und B gehen einen Schiedsvertrag dahin ein, daß die Börsenleute X, Y und Z über die zwischen ihnen auf der Börse abgeschlossenen Geschäfte und die daraus hervorgehenden Differenzen in erster und letzter Linie entscheiden sollen. A verklagt B vor dem Schiedsgerichte, B macht Einwände geltend, ohne das Schiedsgericht zu beanstanden. Nachdem die Schiedsrichter den B zu 10,000 Mt. verurtheilt haben und A auf Weigerung des B das Gericht angerufen hat, erklärt B das Urtheil des Schiedsgerichts für ungültig, weil bei diesen Geschäften zumeist bloßer Differenzhandel in Frage stehe.

CXIX.

Der Kaufmann A in Berlin hat bei einem Bankier in Paris für 10,000 Frs. Staatspapiere deponirt und bei demselben zugleich ein Guthaben von 2000 Frs. in baar. Er veräußert die Staatspapiere an diesen Bankier und läßt sich das Geld herauszahlen. Dies geschieht am 10. März; am 18. März bricht bei A der Concurs aus. Es wird behauptet, die Zahlungseinstellung sei bereits vom 1. März an zu datiren, und der Bankier habe davon Kenntniß gehabt. Der Pariser Bankier hat an einen Berliner Genossen ein Guthaben. Man fragt über die Pauliana.

CXX.

Der Concurs des A ist durch Zwangsvergleich erledigt worden; der Gantmann hat hiernach 30 % zu bezahlen und tritt in den Genuß seines Vermögens zurück; die Zahlung soll in drei gleichen Raten erfolgen. Die erste Rate wird bezahlt, die zweite und dritte bleibt rückständig. A fällt das zweite Mal in Concurs. Die früheren Concursgläubiger, von welchen verschiedene ausländische, fragen an, ob es richtig sei, daß sie nur 20 % ihrer ursprünglichen Forderungen liquidiren könnten? sie fänden dies sehr wenig entsprechend, da sie auf solche Weise einen potenzirten Abzug erlitten; denn wenn im neuen Concurs auch 50 % bezahlt würden, so würden sie jetzt nur noch 10 %, im Ganzen 20 % ihrer ursprünglichen Forderungen erhalten.

CXXI.

Gegen die Actiengesellschaft X ist Concurs eröffnet worden. Ein großer Theil der Actienbeträge, welche statutenmäßig erst in Jahresfrist zu zahlen sind, ist rückständig. Sind diese Beträge sofort beitreiblich? Können sie im Zwangsvergleich ganz oder theilweise erlassen werden? Wie, wenn die Actiengesellschaft in mehreren Staaten Niederlassungen hat und in den mehreren Staaten Concurse eröffnet werden?

CXXII.

A macht einen Forderungsposten gegen B geltend. B behauptet, daß dieser Posten durch mündliche Abrechnung ausgeglichen sei. A gibt die Abrechnung zu, behauptet aber, sie habe sich nur auf die Forderungen des Vorjahres bezogen, wozu die Klagforderung nicht gehöre. Zum Beweis beruft sich B lediglich auf die Natur der Sache, A auf das Zeugniß seiner Frau. Das Gericht erklärt letzteres für unerheblich und will dem A einen richterlichen Eid auferlegen.

CXXIII.

A hat einen gegen ihn fälligen Wechsel, den er acceptirt hatte, unter Protest gehen lassen. Um die Wechselklage zu hinterhalten, erhebt er gegen den Wechselinhaber B die Klage auf Feststellung der Nichtschuld, weil ihm das Accept hinterlistig abgelockt worden sei. B fragt, ob er nicht dennoch die Klage im Wechselproceß erheben könne.

CXXIV.

Die Actiengesellschaft A legt statutenmäßig jährlich bestimmte Procente zurück, damit sich hieraus eine Unterstützungskasse für das erkrankte Personal der Fabrik bilde. Nachdem bereits eine erhebliche Summe sich angesammelt hat, fällt die Gesellschaft in Konkurs. Das Geld ist noch intakt in der besondern hierfür bestimmten Kasse. Das Fabrikpersonal verlangt Ausscheidung desselben.

CXXV.

Der Dramatiker A gibt einem Theater der Stadt x das ausschließliche Recht, in der betreffenden Stadt sein Drama aufzuführen, gegen eine Pauschalsumme von 10,000 M. und eine Tantieme von 3% des Bruttoertrages. Das Theater (eine Actiengesellschaft) geräth in Konkurs. Welche Rechtsverhältnisse ergeben sich?

CXXVI.

Der Amerikaner B hat seine Erfindung in Amerika, Deutschland, Oesterreich und Frankreich patentiren lassen. Er wird dem A 10,000 M. schuldig. Dieser will ihn in Deutschland verklagen und frägt, ob das Patent des B, welches in Deutschland durch Licenzen ausgebeutet wird, einen Gerichtsstand in Deutschland begründe? und ob er die Möglichkeit habe, falls er in Deutschland ein obsiegliches Urtheil erlange, kraft dessen das inländische und die ausländischen Patente zu pfänden?

CXXVII.

Der Gläubiger des Malers B fragt, ob man dessen Skizzenbücher und Entwürfe pfänden dürfe, auch die vielen interessanten Briefe, die er von bedeutenden Männern empfangen habe und die als Autographen einen hohen Werth repräsentirten.

CXXVIII.

Das Reichsgericht hat auf erhobene Revision in einer Autorrechtsfrage das Urtheil des Oberlandesgerichts x aufgehoben und die Sache zurückverwiesen. Das Oberlandesgericht x entscheidet im Sinne des reichsgerichtlichen Urtheiles. Trotzdem wird auch das zweite Urtheil angefochten, weil wesentliche formelle Verstöße vorgekommen seien, und die Sache gelangt das zweite Mal vor das Reichsgericht. Unterdessen hat dasselbe in einer andern Sache durch Entscheidung der Vereinigten Senate in derselben Rechtsfrage die entgegengesetzte Auffassung angenommen. Hat nunmehr das Reichsgericht der alten oder der neuen Auffassung zu folgen?

CXXIX.

Der in Concurs gekommene Fabrikant fabricirt mit den Geräthschaften der Fabrik weiter. Er wird, da er neuerdings in mehrere Patente eingreift, wegen Patentverletzung bestraft, und verschiedene Maschinen und Geräthschaften werden in Folge dessen im Urtheile confiscirt. Die Gläubigerschaft widersetzt sich der Confistation.

CXXX.

Der Fabrikant A kommt in Concurs. Die Gläubigerschaft möchte das ganze Geschäft mit Firma veräußern, da an der Firma wichtige Marken- und Medaillenrechte kleben. A widersetzt sich und macht geltend, daß die Firma seinem bürgerlichen Namen entspreche; die Veräußerung der Firma würde es ihm daher innerhalb eines bestimmten Kreises unmöglich machen, unter seinem Namen ein ähnliches Geschäft zu betreiben. Wie ist zu entscheiden? und in welcher Form ist diese Differenz zum Austrage zu bringen?

CXXXI.

A klagt eine Forderung von 10,000 M. sammt 4% Zinsen vom 1. Mai 1891 ein. B erhebt Kompensationseinrede auf Grund einer Entschädigungsforderung von 8000 M. Das Gericht entscheidet über die Klagforderung und behält die Kompensationseinrede vor. Welche Rechtsverhältnisse ergeben sich daraus?

CXXXII.

B, der in Deutschland Liegenschaften und Bankdepots hat, fällt in Frankreich in Concurs. Die dortigen Concursverwalter wollen die Auslieferung des deutschen Vermögens.

Erläuternde Verweisung auf Schriften von mir.*)

Zu I. Proceßrechtliche Forschungen S. 57.
Zu II. Aufsatz in Gruchot's Beiträgen XXXI S. 279 f.
Zu V. Archiv für civilistische Praxis Bd. 70 S. 224 f.
Zu VI. Lehrbuch des Concursrechts S. 643.
Zu VII. Aufsatz in Gruchot's Beiträgen XXX S. 481 f.
Zu VIII. Aufsatz in Gruchot XXXI S. 309 f.
Zu X. Archiv für civ. Praxis Bd. 72 S. 24 f.
Zu XI. Kritische Vierteljahresschrift N. F. III S. 891, Archiv für civ. Praxis Bd. 70 S. 212 f.
Zu XII. Aufsatz in Gruchot XXX S. 481.
Zu XIII. Proceß als Rechtsverhältniß S. 77 f., 135 f.
Zu XIV. Archiv für civ. Praxis Bd. 70 S. 212 f.
Zu XV. Aufsatz in Gruchot XXXI S. 481 f.
Zu XVII. Zeitschrift für Civilproceß XIV S. 897 f.
Zu XVIII. Proceßrechtliche Forschungen S. 88 f.
Zu XXII. Archiv für civ. Praxis Bd. 79 S. 26 f.
Zu XXIII. Proceßrechtliche Forschungen S. 108 f.
Zu XXV. Proceßrechtliche Forschungen S. 88.
Zu XXVI. Proceßrechtliche Forschungen S. 113 f.

---

*) Ich halte es für zweckmäßig und fruchtbringend, durch Verweisungen auf Stellen meiner Werke, wo ich mich über entscheidende Fragen ausgesprochen habe, dem Studirenden Hülfe zu bieten. Denn auf solche Weise ist ein Anhalt geboten, um den Fragen näher zu treten und sich mit dem inneren Zusammenhang derselben vertraut zu machen.

Zu XXVII. Proceßrechtliche Forschungen S. 113 f.
Zu XXVIII. Proceßrechtliche Forschungen S. 113 f.
Zu XXIX. Archiv für civ. Praxis Bd. 72 S. 23 f.
Zu XXXI. Proceß als Rechtsverhältniß S. 65 f.
Zu XXXII. Zeitschrift für Civilproceß XII S. 97 f., 124 f.
Zu XXXIII. Zeitschrift für Civilproceß XII S. 97 f., 115 f.
Zu XXXV. Aufsatz in Gruchot XXXI S. 297 f.; Proceß als Rechtsverhältniß S. 88.
Zu XXXVI. Proceßrechtl. Forschungen S. 65 f., 66 f.; Grünhuts Zeitschrift XIV S. 88; Proceß als Rechtsverhältniß S. 109 f.
Zu XXXVII. Krit. Vierteljahresschrift N. F. III S. 382 f.; Proceßrechtliche Forschungen S. 64.
Zu XXXVIII. Zeitschrift für Civilproceß X S. 449, 456 f.
Zu XXXIX. Proceßrechtliche Forschungen S. 78 f.
Zu XLI. Aufsatz in Gruchot XXXI S. 301 f.
Zu XLIII. Archiv für civ. Praxis Bd. 79 S. 32 f.
Zu XLIV. Archiv für civ. Praxis Bd. 79 S. 32 f., 40 f.
Zu XLVII. Zeitschrift für Civilproceß X S. 463.
Zu LVI. Proceß als Rechtsverhältniß S. 97.
Zu LVII. Proceß als Rechtsverhältniß S. 90.
Zu LIX. Lehrbuch des Concursrechts S. 76, 85, 633 f.
Zu LX. Lehrbuch des Concursrechts S. 470 f.
Zu LXII. Proceßrechtliche Forschungen S. 130 f.
Zu LXIII. Zeitschrift für Civilproceß XII S. 119 f.
Zu LXV. Proceß als Rechtsverhältniß S. 52.
Zu LXVIII. Proceß als Rechtsverhältniß S. 88 f.
Zu LXIX. Proceßrechtliche Forschungen S. 58 f.
Zu LXX. Lehrbuch des Concursrechts S. 556, 568.
Zu LXXIV. Zeitschrift für Civilproceß X S. 449 f.
Zu LXXVI. Proceß als Rechtsverhältniß S. 74.
Zu LXXIX. Aufsatz in Gruchot XXXI S. 1 f.
Zu LXXX. Lehrbuch des Concursrechts S. 416 f., 381 f., 386.
Zu LXXXI. Zeitschrift für Civilproceß X S. 199 f.; Lehrbuch des Concursrechts S. 396, 482.
Zu LXXXV. Lehrbuch des Concursrechts S. 518.
Zu LXXXVI. Lehrbuch des Concursrechts S. 366, 350 f.
Zu LXXXVII. Lehrbuch des Concursrechts S. 576. 557.

Zu LXXXVIII. Lehrbuch des Concursrechts S. 570, 579.
Zu LXXXIX. Lehrbuch des Concursrechts S. 541 f.
Zu XCI. Lehrbuch des Concursrechts S. 597, 569.
Zu XCII. Lehrbuch des Concursrechts S. 466.
Zu XCIII. Lehrbuch des Concursrechts S. 636 f.
Zu XCIV. Lehrbuch des Concursrechts S. 127 f., 319, 439.
Zu XCV. Lehrbuch des Concursrechts S. 561.
Zu XCVI. Proceß als Rechtsverhältniß S. 101 f.
Zu XCVII. Lehrbuch des Concursrechts S. 569; Proceß als Rechtsverhältniß S. 104.
Zu XCVIII. Lehrbuch des Concursrechts S. 182 f.
Zu XCIX. Lehrbuch des Concursrechts S. 559 f.
Zu CVI. Lehrbuch des Concursrechts S. 556 f.
Zu CVII. Aufsatz in Gruchot XXXI S. 311 f.; Lehrbuch des Concursrechts S. 81.
Zu CVIII. Ideale im Recht S. 76 f.
Zu CIX. Lehrbuch des Concursrechts S. 575 f.
Zu CX. Lehrbuch des Concursrechts S. 438, 533 f.
Zu CXI. Aufsatz in Gruchot XXXI S. 491 f.
Zu CXII. Aufsatz in Gruchot XXXI S. 518 f.; Lehrbuch des Concursrechts S. 563.
Zu CXIII. Aufsatz in Gruchot XXXI S. 279 f., 495 f.
Zu CXV. Aufsatz in Gruchot XXXI S. 305 f.
Zu CXVI. Aufsatz in Gruchot XXXI S. 495 f.
Zu CXVII. Aufsatz in Busch's Archiv für Handelsrecht Bd. 47 S. 331 f.
Zu CXVIII. Aufsatz in Gruchot XXXI S. 501 f.
Zu CXIX. Lehrbuch des Concursrechts S. 215, 237, 643 f., 658 f.
Zu CXX. Lehrbuch des Concursrechts S. 495 f.
Zu CXXI. Lehrbuch des Concursrechts S. 119 f., 349, 468.
Zu CXXIII. Proceßrechtliche Forschungen S. 113 f.
Zu CXXIV. Archiv für bürgerliches Recht III S. 268 f., VI S. 163; Lehrbuch des Concursrechts S. 182.
Zu CXXV. Lehrbuch des Concursrechts S. 692.
Zu CXXVI. Aufsatz in Busch's Archiv für Handelsrecht Bd. 47

S. 339 f. (wozu aber jetzt die Patentnovelle in Betracht kommt); Aus dem Patent- und Industrierecht I S. 35.

Zu CXXVII. Autorrecht S. 137 f.; Lehrbuch des Concursrechts S. 111.

Zu CXXVIII. Proceß als Rechtsverhältniß S. 73 f.

Zu CXXIX. Lehrbuch des Concursrechts S. 106.

Zu CXXX. Recht des Markenschutzes S. 232; Lehrbuch des Concursrechts S. 276, 317.

Zu CXXXII. Lehrbuch des Concursrechts S. 630.

Alphabetisches Register der Materien.

Absolutio ab instantia, bei Feststellungsklage? XXXVI; wegen mangelnder cautio pro expensis LXXVIII; Widerklage XXXVI.
Arrest C; Arrestnovelle CII; Kosten CIV; Zwang zur Hauptklage LXVII.
Augenschein und Gewerbegeheimniß XXXIX.

Berichtigungsverfahren III.
Berufung, Anschließung LXXVIII; Versäumungsverfahren I, XXXI, XXXV, LXXIX; siehe auch Urkundenproceß.
Beschwerde, sofortige gegen Urtheilsverbesserung IV; gegen Kostenfestsetzung CXIV; gegen Ablehnung des Versäumungsurtheils XLVIII, LXXI; des Vollstreckungsbefehles LXII; gegen Entscheidung im Vollstreckungsverfahren XC; im Concurs CIX.
Beweislast, s. Eid.
Brief, Verlesung von entwendeten Briefen XLX; s. auch Urkundenedition.

Cautio pro expensis LXXVIII.
Cession, s. Processtandschaft.
Compensationseinrede, res judicata XVII; durch Vollstreckungsgegenklage? LV; in der Berufungsinstanz LXXVII; im Concurs XCIV; Verweisung ad separatum CXXXI.
Competenz, s. Gerichtsstand.
Competenzsache, s. Zwangsvollstreckung.
Concurs: gegen Firma LXXXIX, gegen offene Handelsgesellschaft XCII, gegen Actiengesellschaft CXXI; Tod des Kridars LXXXV.

Gerichtsstand LIX.
Concursmasse:
Individualrechte im Concurs CXXVII; Aussonderungsrecht XCVIII, CXXIV; hinterhaltene Vermögensstücke CX; Actienbeträge, rückständige, CXXI; Autorverträge im Concurs CXXV; Concurspauliana CXIX.
Concursverwalter, Veräußerungsmacht LXXX; Veräußerung der Firma? CXXX.
Confiscation im Concurs CXXIX.
Compensation im Concurs XCIV.
Feststellung der Liquidate LXX, XCV, XCVII, XCIX, CVI, CXII (Schiedsvertrag).
Abschlagsvertheilung LXXXVII, CIX, Berichtigung der Vertheilung LXXXVIII.
Zwangsvergleich, Abandon LX; Pfandgläubiger bei Abstimmung LXXXI; schwebende Processe XCV; Vergleichsgläubiger im zweiten Concurs CXX.
Wiederaufnahme des Concurses XCI; s. auch Internationales Proceßrecht, Restitutionsklage.
Contumacia s. Versäumungsurtheil.

Devolution, s. Urkundenproceß (Nachverfahren).

Edition, s. Urkundenedition.
Eheverfahren, Zeugnißzwang XXI; Einrede der Ehenichtigkeit LVIII.
Eid, Zuschiebung und Auflage in Widerspruch mit Beweislast LXXXII, CXXII; Anderweitiger Beweis LXXXIII; Erledigung vor höherer Instanz LXXXIV; Tod der Partei vor Eidesleistung LXIX; Versäumungsverfahren LXIX, LXXXII, LXXXIII, LXXXIV.
Einspruch, s. Versäumungsurtheil.
Entmündigungsverfahren XVIII.
Executorischer Titel, Novation durch XLIX; s. auch Vollstreckungsgegenklage.
Executorische Urkunde, Einwendungen, Vollstreckungsgegenklage VIII, IX; Bedingung X; s. auch Vollstreckungsgegenklage.

Feststellungsklage, absolutio ab instantia XXXVI; auf Entschädigung vorbehaltlich der Liquidation XXXVI; auf Feststellung des Vorhandenseins des Arrestpfandrechts

CII; Vollstreckung aus dem Feststellungsurtheil XXXVII.
Firma, Concurs gegen Firma LXXXIX; Execution in die F.? CXXX.

Gerichtsstand.
Sachliche Competenz V. Locale Competenz, Gericht der gelegenen Sache (bei Pfandklagen) XXXIV; Gericht des Vermögensbesitzes VI, CXIX, CXXVI (Patent); des Erfüllungsortes XI; des Delictes XIV; des Concurses LIX; im Arrestverfahren LXVII. Combinationsgerichtsstand, Wirkung der Prorogation VII; C. beim Zahlungsbefehl? L.
Geständniß, Widerruf LI.
Gewerbegeheimniß s. Augenschein.

Internationales Proceßrecht.
Ausländisches Urtheil auf Grund inländ. Staatsacte XXXVIII; auf ein non facere LXXIV; ausländischer Schiedsspruch CXI. Abweisendes Urtheil XLVII. Litispendenz auf Grund ausländischen Processes XLVI. Internationales Concursrecht LIX, CXXXII;

Zwangsvergleich XCIII; Pauliana CXIX. Vollstreckung auf ausländisches Patent CXXVI.

Klageänderung LXXVII.
Kompensation f. Compensationseinrede, Concurs.
Kompetenz f. Gerichtsstand.
Konkurs f. Concurs.
Kostenentscheidung IV; Kostenfestsetzung LXIV, CXIV; in Arrestsachen ClV; f. auch Cautio pro expensis.

Laudatio auctoris LVI.
Litispendenz, s. Internationales Proceßrecht.

Mahnverfahren, Natur des Zahlungsbefehls LXII; Combinationsgerichtsstand? L; Unterbrechung des Verfahrens LVII; Restitutionsklage LVIII; Vollstreckungsgegenklage LXI; Vollstreckungsbefehl LXII.

Nachverfahren f. Urkundenproceß.
Nichtigkeitsklage LXV.
Novation durch vollstreckbaren Titel XLIX.

Oberbeschwerde XLVIII, XC.

Pauliana, f. Concursmasse, Internationales Concursrecht.

Principalintervention, Einwand aus der Prorogation XII.
Prorogation s. Verträge processualische.
Proceßeinrede, Vergleich? XVIII; cautio pro expensis LXXVIII.
Proceßkosten s. Kosten.
Proceßstandschaft XXXIII.

Res judicata, bei Compensationseinrede XVII; Berücksichtigung von Amtswegen? XXV; s. auch Internationales Proceßrecht.
Restitutionsklage, im Mahnverfahren LVII; im Concurs LXX, CVI.
Revision, Revision und Revisionsantrag XXIV; Revisible Rechtsnorm LXXII; Rückweisung, Gebundenheit an die Rechtsauffassung CXXVIII.

Sachverständige, Zwang XLII.
Schiedsgericht, arbitri und arbitratores CXV, CXVII; Anfechtung CXVI; Einwendungen CXVIII; nothwendiges CXI; im Concurs CXII; s. auch Verträge processualische.
Streitgenossenschaft, materielle XCVI, im Concurs XCVII.
Succession, processualische

XXXII, XXXIII; durch Zwangsvollstreckung LXIII.
Tod nach Eidesauflage LXIX; des Kridars LXXXV.

Unterbrechung des Processes LXVIII, LXXI; im Entmündigungsverfahren XXIII
Urkundenedition, Briefe der Ehefrau? XXII; bei actio Pauliana XLIII; bezüglich der Deckungsgeschäfte in Schädenprocessen XLIV; bei materieller Streitgenossenschaft XCVI.
Urkundenproceß, Voraussetzungen XXVI; Einwendungen, principale, subsidiäre XXVII; Nachverfahren (in welcher Instanz?) XXVIII; Urkundenproceß als Widerklage CXXIII.
Urtheil, unmögliches LXXIII, s. auch Res judicata, Internationales Proceßrecht, Zwischenurtheil.
Urtheilsverbesserung IV.

Vergleich, als Proceßeinrede? XVIII.
Versäumungsurtheil in Schädenklagen LXXIX; zweites strenges I; abweisendes, seine Folgen XXXI, LXXIX; Vorherige Zustellung der Anträge

XLVIII; rechtzeitige Klagzustellung LXXI; bei Fortsetzung des Verfahrens nach Competenzurtheil XIII; im Eidesverfahren LXIX, LXXXII bis LXXXIV; Ablehnung, Beschwerde XLVIII; Zustellung, Wiedereinsetzung in den vorigen Stand LXV; Berufungsinstanz XXXI, XXXV, LXXIX.

Vertheilungsverfahren s. Concurs, Zwangsvollstreckung.

Verträge, processualische: Verzicht auf Rechtsmittel II, CXIII.

Prorogation, Wirkung gegenüber einem Combinationsgerichtsstand VII; gegenüber der Principalintervention XII; Prorogationsverträge von Ausländern XVI.

Verträge über Ausbleiben im Termin XXXV.

Beweisverträge XLI.

Executionsverträge CVII. Verträge processualische in Verbindung mit civilistischen XV.

Einwendungen XV, CXIII, CXVIII. Uebergang auf Rechtsnachfolger (pfändende Gläubiger, Concursgläubiger) CXII; s. auch Schiedsgericht.

Vollstreckbarkeit, vorläufige XLVIII, LII, LIII, LIV, CIII; Rückzahlung XXXIII, C.

Vollstreckungsclausel s. Zwangsvollstreckung.

Vollstreckungsgegenklage, gegen executorische Urkunde VIII; gegen Zahlungsbefehl LXI; gegen Kostenfestsetzung LXIV; gegen Concursfeststellung LXXXVII; Activlegitimation IX; Compensation durch V.? LV.

Widerklage gegen Schiedsspruchsanfechtung CXVI; Urkundenproceß als W. CXXIII; W. u. absolut. ab inst. XXXVI; W. im Nachverfahren XXVIII.

Widerruf, s. Geständniß.

Wiedereinsetzung in den vorigen Stand gegen Einspruchsfrist LXV.

Zahlungsbefehl s. Mahnverfahren.

Zeugen. Zeugnißzwang im Eheverfahren XXI; Einvernahme, Aeußerungen über Nichtbeweispunkte XL.

Zustellung LXV; an Anwalt CXIV; an Drittschuldner LXVI, CV.

Zwangsvergleich s. Concurs.

Zwangsvollstreckung:

Vollstreckungsclausel, bei zweiseitigen Verträgen XXIX; bei Bedingung X, XXXVII; Sicherstellung CIII; Competenzsache XC; gegen Rechtsnachfolger XXX; auf ein **facere,** Einwendungen XIX, Collision CVIII.

Forderungsbeschlag: Miethforderungen XX; Zustellung an Drittschuldner LXVI, CV; Vollstreckung auf Patente CXXVI; Vertheilung C, CI; s. auch Verträge processualische, Vollstreckbarkeit, Vollstreckungsgegenklage.

Zwischenurtheil über Zuständigkeit, Fortsetzung des Verfahrens XIII; materielles Z. LXXV; im Entschädigungsverfahren LXXVI.